MANUEL-FORMULAIRE

DE

L'OFFICIER DE L'ÉTAT CIVIL

A L'USAGE DES MAIRES

DES ADJOINTS ET DES SECRÉTAIRES DE MAIRIE

PAR

E. BOURGUEIL

PROCUREUR DE LA RÉPUBLIQUE PRÈS LE TRIBUNAL DE CHARLEVILLE
ET PRÈS LA COUR D'ASSISES DES ARDENNES
OFFICIER D'ACADÉMIE, CHEVALIER DE L'ORDRE DU MÉRITE AGRICOLE

Deuxième édition, entièrement refondue

ABBEVILLE
LIBRAIRIE DE *L'INSTITUTEUR PRATIQUE*
P. HORRÉARD, Éditeur

1897

LIBRAIRIE DE *L'INSTITUTEUR PRATIQUE*

ABBEVILLE.

P. HORRÉARD, Éditeur.

Envoi à réception d'un mandat postal ou de timbres français.

P. Horréard et E. Saindenis. — **1200 Problèmes choisis** (cours préparatoire et élém.), 1 vol. in-12, cart. 0.50

— **Réponses**, 1 piqûre brochée 0.45

R. Valette et P. Horréard. — **Livret de morale**, 1 vol. in-18, cart. 0.30

— **Livret d'instruction civique**, 1 vol. in-18, cart. . . 0.30

— **Livret d'Histoire**, 1 vol. in-18, cart 0.40

— **Livret de Sciences élémentaires**, 1 vol. in-18, cart. 0.40

Ad. Roton et P. Horréard. — **400 Dictées choisies** (cours préparatoire et élémentaire), 1 vol. in-8°, br. . 1.50

P. Horréard. — **Notes sur l'orthographe usuelle**, 1 vol. in-12, cart. 1.40

R. Valette et J. Vieillot. — **Morale, Éducation et Pédagogie**, 1 fort vol. in-8°, br. . . . . 3. »

— **Vade-Mecum du cours moyen** (préparation au certificat d'études primaires), 1 vol. in-8°, br. 2.50

— **Rédactions choisies**, cours préparatoire et élémentaire ; plans et développements, 1 vol. in-8°, br. . . . 2.50

Imp. G. St-Aubin et Thevenot. — J. Thevenot, successeur, Saint-Dizier.

MANUEL-FORMULAIRE

DE

L'OFFICIER DE L'ÉTAT CIVIL

A L'USAGE DES MAIRES

DES ADJOINTS ET DES SECRÉTAIRES DE MAIRIE

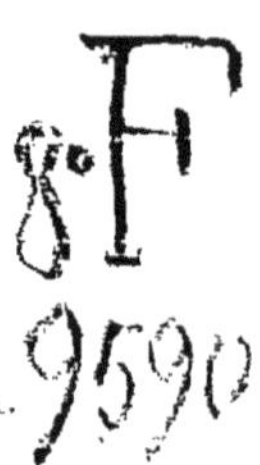

DU MÊME AUTEUR

Étude théorique et pratique sur les dispenses de mariage. 1887, 1 vol. in-8, Arthur Rousseau, Paris. . . . . **2 fr. 50**

La Vaine Pâture, Commentaire théorique et pratique des lois des 9 juillet 1889 et 22 juin 1890, *Ouvrage honoré d'une souscription du Ministre de l'Agriculture.* 1893, 1 vol. in-8°, Imprimerie du *Petit Ardennais*, Charleville. . . . . **2 fr. 50**

La saisie-arrêt, Commentaire théorique et pratique de la loi du 12 janvier 1895. 1 vol. in-12, Arthur Rousseau, Paris. . . . **1 fr. 50**

Droit usuel et économie politique. 1896 (2e édition), 1 vol. in-12, relié f. toile. F. Nathan. Paris. . . . . **2 fr. 25**

EN PRÉPARATION :

Manuel-Formulaire du Garde champêtre et du Garde particulier.

MANUEL-FORMULAIRE

DE

L'OFFICIER DE L'ÉTAT CIVIL

A L'USAGE DES MAIRES

DES ADJOINTS ET DES SECRÉTAIRES DE MAIRIE

PAR

E. BOURGUEIL

PROCUREUR DE LA RÉPUBLIQUE PRÈS LE TRIBUNAL DE CHARLEVILLE
ET PRÈS LA COUR D'ASSISES DES ARDENNES
OFFICIER D'ACADÉMIE, CHEVALIER DE L'ORDRE DU MÉRITE AGRICOLE

Deuxième édition, entièrement refondue

ABBEVILLE
LIBRAIRIE DE *L'INSTITUTEUR PRATIQUE*
P. HORRÉARD, Editeur

1897

PRÉFACE DE LA PREMIÈRE ÉDITION.

Parmi les attributions les plus importantes des maires se trouve la rédaction des actes de l'état civil qui intéresse les individus et la société tout entière. En effet, les actes ont pour but de constater l'état des personnes, leurs rapports de famille, leurs qualités d'époux, de père, d'enfant légitime ou naturel ; ils intéressent au plus haut degré la société qui repose sur cette organisation des familles, sur ce règlement souverain des différentes qualités dont l'ensemble constitue, pour chacun, son état civil ou privé.

Depuis plus de quinze années, j'ai dû m'occuper des questions délicates soulevées par l'interprétation des lois relatives à cette partie si importante du service public. D'une part, appelé à vérifier tous les ans les registres de mon arrondissement, j'ai souvent constaté de nombreuses erreurs dues à des formulaires plus ou moins bien rédigés et à l'éparpillement des lois et circulaires dans les recueils les plus divers. D'autre part, fréquemment consulté par Messieurs les Maires, j'ai collectionné avec soin les questions qui m'étaient posées et les réponses que je croyais devoir faire. C'est précisément guidé par cette expérience acquise et par ces documents utiles que je me suis décidé à publier ce modeste *Manuel-Formulaire* contenant des renseignements clairs, précis et pratiques sur les mille difficultés qui peuvent se présenter dans la rédaction des actes.

Je n'ai pas la prétention d'offrir une œuvre originale et personnelle ; j'avoue bien volontiers que j'ai glané partout, dans la doctrine, dans la jurisprudence et dans les circulaires, tous les éléments à l'aide desquels j'ai précisé nettement mes solutions. Mais j'ai eu le soin de rejeter toutes les discussions théoriques et juridiques qui troublent et embarrassent les maires et les secrétaires de mairie sans leur donner aucune certitude sur ce qu'ils doivent faire ou ne pas faire.

Le *Manuel-Formulaire* contient de nombreuses formules usuelles qui faciliteront aux officiers de l'état civil la haute mission qui leur est confiée, et un tableau synoptique des contraventions qui peuvent être commises dans la rédaction des actes. Il contient encore quelques questions relatives à la nationalité, au casier judiciaire, à la réhabilitation, à l'assistance judiciaire, aux étrangers, questions qui sont d'une utilité journalière dans les communes.

Enfin pour le clore, j'ai dressé deux tables : l'une contenant la liste des formules données ; l'autre, tout à la fois alphabétique et analytique, permettant de se reporter sans recherche au passage intéressant.

J'ai voulu faire œuvre utile : Puisse-t-elle répondre au modeste but que je me suis proposé !

Charleville, le 15 *juillet* 1896.

E. BOURGUEIL.

PRÉFACE DE LA DEUXIÈME ÉDITION.

La première édition du *Manuel-Formulaire* publiée au mois d'août dernier est épuisée. Il a été impossible de répondre à toutes les demandes qui ont été adressées, malgré le chiffre important du premier tirage. C'est une preuve évidente de l'utilité de cet ouvrage.

Aussi je publie avec confiance la seconde édition corrigée et complétée par des documents nouveaux et notamment par le texte de la loi du 20 juin 1896 et par la circulaire ministérielle parue quelques jours après l'impression de la première édition. J'ai commenté avec le plus grand soin cette loi qui doit être interprétée avec largeur et libéralisme par les officiers de l'état civil pour ne pas détourner du mariage les hésitants qu'une difficulté rebute et les pauvres pour qui une perte de temps équivaut à une perte de salaire. Aussi, j'espère que cette nouvelle édition sera favorablement accueillie par Messieurs les Maires et Secrétaires de Mairie.

Charleville, le 4 janvier 1897.

E. BOURGUEIL.

MANUEL-FORMULAIRE

DE

L'OFFICIER DE L'ÉTAT CIVIL

CHAPITRE PREMIER

DISPOSITIONS GÉNÉRALES APPLICABLES A TOUS LES ACTES DE L'ÉTAT CIVIL

SECTION I

Tenue matérielle des registres.

1. Tenue des registres. — Les registres de l'état civil doivent être tenus avec le plus grand soin, tant pour assurer leur conservation que pour faciliter les recherches. « La tenue « des registres de l'état civil, dit une circulaire du ministère de la « justice en date du 20 septembre 1875, constitue un des devoirs « essentiels des maires, et ils engagent leur responsabilité per- « sonnelle en n'observant pas rigoureusement les prescriptions « légales. »

2. Double. — Les registres sont tenus en double. Ce sont deux originaux qui doivent être littéralement semblables. A la fin de chaque année, c'est-à-dire avant le 31 janvier, ils sont envoyés par les maires au procureur de la République de l'arrondissement, pour la vérification annuelle (1). Après cette vérification,

(1) Dans quelques arrondissements, le travail de vérification est confié aux juges de paix. Dans ce cas, les registres doivent être adressés à ces magistrats.

ce magistrat renvoie dans chaque mairie le double qui doit être classé avec soin dans les archives, et dépose l'autre double, avec les pièces annexées, au greffe du tribunal. L'officier de l'état civil retardataire s'expose à des poursuites. Il a le droit de réclamer une décharge au procureur de la République lors de l'envoi des registres.

3. Nombre des registres. — Dans les communes importantes, il est indispensable de tenir un registre spécial, pour chaque nature d'actes ; mais dans les petites communes, il est plus commode de n'avoir qu'un seul registre double sur lequel les actes sont inscrits à la suite les uns des autres, par ordre de date. Dans tous les cas, le registre des publications est distinct ; il n'est pas tenu en double.

4. Timbre. — Tous les registres de l'état civil sont sur papier timbré dont le coût est à la charge de la commune. Ils sont envoyés dans les mairies, dans la première quinzaine du mois de décembre de chaque année, par les soins de la préfecture.

Il est défendu, sous peine d'amende, d'écrire sur le timbre noir ou sec, mais il est permis d'écrire sur le verso.

L'inscription d'un acte sur papier libre, quand bien même il serait timbré postérieurement à l'aide d'un timbre mobile, expose l'officier de l'état civil à une amende, mais n'est pas une cause de nullité absolue pour l'acte.

5. Cote et paraphe. — Avant l'envoi des registres dans les communes, le président du tribunal ou un juge délégué par lui, cote les feuillets, signe le premier et le dernier, et paraphe les autres. En outre il signe le procès-verbal d'ouverture du registre qui doit indiquer le nombre des feuillets.

6. Procès-verbal d'ouverture. — Le présent registre contenant . . . feuillets et destiné à constater les . . . . . *(ou bien, s'il n'existe qu'un seul registre pour tous les actes)* destiné à constater les actes de l'état civil de la commune de . . . pendant l'année mil huit cent . . ., a été coté et paraphé par nous, président du tribunal de première instance séant à . . . . .

Fait à . . . . . le . . . . mil huit cent . . . . . .

Le Président du tribunal.

7. Blancs et interlignes. — Il est expressément défendu de laisser des blancs dans l'intérieur des actes. Si l'on veut aller *à la ligne*, il faut bâtonner la partie de la ligne qui reste en blanc. De même, il ne doit rester aucun intervalle entre les signatures d'un acte et le commencement du suivant. Il faut écrire les actes depuis le haut des pages jusqu'au bas, sans laisser aucun espace dans lequel on pourrait ajouter après coup des énonciations irrégulières. Il est également défendu d'écrire entre les lignes, soit dans l'acte, soit dans l'expédition de l'acte.

8. Ratures et renvois. — Les mots raturés et les renvois doivent être non pas seulement paraphés, mais signés par toutes les parties, de la même manière que le corps de l'acte.

Les renvois sont écrits en marge ; s'il y en a plusieurs, chacun d'eux doit être approuvé et signé séparément. La marge laissée doit être assez large pour contenir les renvois et les mentions.

Les mots raturés doivent être annulés par un seul trait, et chacun séparément, de manière que leur nombre puisse être facilement compté. Le nombre des mots rayés nuls est approuvé et signé par toutes les parties. Cette approbation est inscrite non à la suite de l'acte, mais en marge comme les renvois.

9. Grattages et surcharges. — Il est formellement défendu de gratter les mots ou les lettres, de les surcharger, d'écrire un mot entre deux mots ou une lettre entre deux lettres, après coup. Le seul moyen de régulariser un mot mal écrit est de le raturer et de l'inscrire en marge par un renvoi approuvé et signé comme il est dit dans le numéro précédent.

10. Numérotage des actes. — Chaque acte doit avoir un numéro d'ordre, au-dessous duquel on inscrit le titre de l'acte ; par exemple : Naissance de LEROY (JEAN), ou, mariage de LEROY (JEAN) et de DUPONT (MARIE), ou, décès de MARTIN (EMILE).

11. Clôture. — Les registres sont clos et arrêtés le 31 décembre de chaque année, à 6 heures du soir, au moyen d'un procès-verbal signé par l'officier de l'état civil. La clôture est nécessaire même quand le registre ne contient aucun acte.

12. Formule du procès-verbal de clôture. — L'an mil huit cent. . . . . et le trente et un décembre à six heures du soir, Nous, maire et officier de l'état civil de la commune de. . . . ., arrondissement de. . . ., département de. . . . ., avons clos et arrêté le présent registre contenant. . actes. *(Ou s'il n'y a qu'un seul registre pour tous les actes)* contenant. . . actes de naissance, . . actes de mariage, . . transcriptions de divorce, et. . actes de décès.

(Cachet de la mairie.) Le Maire.

13. Supplément. — Il arrive parfois qu'un registre de l'état civil est insuffisant pour contenir tous les actes de l'année ; dans ce cas, le maire envoie au procureur de la République une ou deux feuilles de papier timbré, de même format que celui des registres ; ce magistrat les fait coter et parapher, puis les renvoie d'urgence à l'officier de l'état civil. Ces feuilles supplémentaires doivent être annexées à la suite du dernier feuillet du registre.

14. Tables. — La mention de clôture est suivie d'une table rigoureusement alphabétique, sur papier timbré, renvoyant au numéro des actes et aux folios, portant les dates des actes et certifiée par le maire. Qu'il y ait un seul registre pour tous les actes, ou un registre spécial par chaque nature d'acte, il faut toujours établir une table distincte pour les naissances, pour les mariages, pour les divorces et pour les décès. Chaque table est suivie de cette formule :

La présente table a été dressée par nous, maire soussigné, le. . . janvier 189 , et certifiée conforme au registre.

Le Maire.

S'il existe un seul registre, une seule mention portée à la suite des quatre tables suffira.

Les tables doivent être faites sur les deux doubles.

15. Table des naissances.

Numéros d'ordre	NOMS	PRÉNOMS	Numéros des actes	DATES des actes	Folios
1	ADAM	Blanche-Thérèse	17	8 mars	9
2	ANDRÉ	Gaston	26	11 mai	13
3	BADRÉ	Fernand	4	7 janvier	2

16. Table des mariages.

Numéros d'ordre	NOM ET PRÉNOMS DE L'ÉPOUX	NOM ET PRÉNOMS DE L'ÉPOUSE	Numéros des actes	DATES des actes	Folios
1	ACHARD Émile-Louis	BOUVIER Marie	3	7 janvier	2
2	BILLARD Edmond-Victor	MARTIN Lucie-Gabrielle	17	8 avril	13
3	CLÉMENT Lucien-Louis	CARIN Louise-Aimée	4	8 février	4

17. Table des divorces. — La table des divorces peut être établie comme celle des mariages.

18. Table des décès.

Numéros d'ordre	NOMS	PRÉNOMS	Numéros des actes	DATES des actes	Folios
1	ALLARD	Lucien	3	7 janvier	2
2	COCHARD	Marie-Léon	19	27 août	15

19. Duplicata des tables. — Indépendamment des tables inscrites à la suite des registres, les officiers de l'état civil sont tenus d'envoyer au greffier du tribunal civil, par l'intermédiaire du procureur de la République, dans les trois premiers mois de l'année, un duplicata, sur papier libre, certifié comme les tables.

20. Tables décennales. — Les tables décennales sont dressées tous les dix ans par le greffier du tribunal civil, en triple expédition, l'une sur papier libre destinée aux archives du greffe, et les deux autres sur papier timbré pour la préfecture et pour la mairie. Le coût du papier timbré et les honoraires du greffier (un centime par nom) sont payés par les communes sur des mandats délivrés par la préfecture.

Les tables décennales doivent être classées avec soin dans les archives de la mairie.

21. Reliure des registres. — Une circulaire du ministre de l'intérieur, en date du 7 août 1872, a prescrit aux maires l'obligation de faire relier ou cartonner les registres de l'état civil. Cette reliure reste à la charge des communes. Du reste, le procureur de la République est chargé d'exiger, avant de recevoir le dépôt prescrit par la loi, que les registres destinés au greffe soient présentés dans des conditions qui en assurent la conservation.

SECTION II

Énonciations des actes.

22. Rédaction. — Les actes de l'état civil doivent être inscrits, séance tenante, en présence des déclarants et des témoins. Dans la pratique, le secrétaire de mairie prépare les actes d'avance. Nous ne voyons aucun inconvénient à employer modérément ce procédé qui offre le grand avantage d'économiser un temps précieux pour les parties et de permettre une rédaction plus minutieuse de l'acte.

23. Date des actes. — Tous les actes sont datés de l'année, du mois, du jour et de l'heure où ils ont été reçus.

24. Dates en chiffres et mots abrégés. — Il est expressément interdit d'écrire aucune date en chiffres ou aucun mot en abrégé. C'est une contravention d'écrire : *c^ne pour commune, le n^é pour le nommé, J. B. pour Jean Baptiste, etc.*

25. Lecture des actes. — L'officier de l'état civil donne lecture des actes aux parties comparantes. L'acte doit énoncer cette formalité. Il est inutile de donner lecture des deux doubles, mais pendant que l'officier de l'état civil lit un registre, le secrétaire doit suivre attentivement sur l'autre pour éviter les erreurs qui auraient pu se glisser en recopiant.

26. Signatures. — Tous les actes sont signés, séance tenante, par les parties, les témoins et l'officier de l'état civil. Il ne faut jamais renvoyer au lendemain ce qu'on peut faire le jour même ; aussi, nous insistons tout particulièrement pour que l'officier de l'état civil ne néglige jamais cette formalité. Un témoin qui n'a pas signé immédiatement peut mourir subitement, quitter le pays, etc. ; l'acte resterait donc irrégulier et il faudrait un jugement du tribunal pour le rectifier. Il arrive encore que les maires attendent que les actes s'accumulent pour les signer en une seule fois. C'est une pratique regrettable qui peut exposer aux plus fâcheux ennuis. Ainsi, en 1886, dans l'arrondissement de Laval, le maire de la commune de Sainte-Gemmes-le-Robert mourut dans le courant du mois de novembre, sans avoir signé les actes qu'il avait reçus. Ces actes étaient au nombre de quatre-vingt six. Il fallut un jugement du tribunal civil, sur requête du procureur de la République, agissant dans un intérêt d'ordre public, pour les régulariser ; mais les frais qui s'élevaient à 1733 fr. 10 furent supportés par les héritiers de ce maire imprudent.

Si les témoins ou les parties ne savent ou ne peuvent signer, il faut en indiquer le motif.

27. Formule à employer quand les parties ou les témoins ne savent ou ne peuvent signer :... et après lecture faite, les sieurs (*noms et prénoms des parties ou témoins*) ont signé avec nous, le sieur (*nom, prénoms et qualité dans l'acte*) ayant déclaré ne savoir signer ; *ou* : ayant déclaré ne pouvoir signer à cause d'une infirmité du bras droit.

28. Pièces annexées. — Toutes les pièces remises à l'officier de l'état civil et nécessaires pour la rédaction des actes, sont énumérées dans l'acte et annexées au double registre destiné aux archives du greffe. Elles sont paraphées par la partie qui les a produites et par le maire. Il est utile d'enliasser dans une même chemise les pièces relatives à un acte, et d'indiquer sur cette chemise le numéro correspondant de l'acte et les noms des parties.

29. Mentions. — Les mentions de légitimation, de reconnaissance, de divorce, de rectification, d'adoption, etc., sont inscrites dans la marge du registre et en face de l'acte modifié. Il est donc nécessaire de laisser dans les registres une marge assez large, par exemple le quart de la page, pour opérer toutes les mentions nécessaires.

Les mentions ne peuvent être opérées par l'officier de l'état civil que dans les cas expressément déterminés par la loi, pour compléter ou modifier certains actes. Si l'acte modifié a été reçu dans l'année courante, la mention est inscrite sur les deux doubles ; mais si l'acte a été reçu antérieurement à l'année courante, le maire est tenu, dans les trois jours, d'envoyer une copie littéralement conforme de la mention au procureur de la République qui la fait transcrire sur le double déposé au greffe.

Il est interdit d'expédier un acte, sans y porter les mentions. Des dommages-intérêts pourraient être prononcés contre l'officier de l'état civil qui oublierait cette prescription.

Si une mention doit être faite sur un acte reçu à l'étranger, par exemple une mention de reconnaissance ou de légitimation, la partie intéressée adresse elle-même l'expédition de l'acte de reconnaissance ou de légitimation, par la voie diplomatique, dans le pays où doit être opérée la mention.

SECTION III

Des personnes qui figurent dans les actes.

30. L'officier de l'état civil. — La loi du 28 pluviôse an VIII a attribué les fonctions d'officier de l'état civil aux maires et aux adjoints. Comme officiers de l'état civil, les maires sont sous la surveillance du procureur de la République de l'arrondissement, et sous la direction du procureur général du ressort de la Cour d'appel. Un maire démissionnaire, révoqué ou suspendu n'a aucune qualité pour recevoir un acte.

Les adjoints remplacent le maire, sans délégation quand ce dernier est absent ou empêché, ou en vertu d'une délégation spéciale lorsqu'il est présent et non empêché. La délégation peut être donnée à l'un quelconque des adjoints *sans distinction* de nomination. Dans ce dernier cas, une expédition de l'arrêté de délégation doit être déposée à la fin de l'année au greffe du tribunal avec les pièces annexées. Dans l'un et l'autre cas, l'acte mentionne soit la délégation, soit l'absence ou l'empêchement du maire.

Si le maire et les adjoints sont absents ou empêchés, le premier conseiller municipal dans l'ordre du tableau, ou un conseiller spécialement désigné par arrêté préfectoral remplit les fonctions d'officier de l'état civil en indiquant dans l'acte le motif de son intervention.

Quand les communications sont difficiles ou dangereuses entre une section de commune et le chef lieu, un adjoint ou un conseiller municipal peut être délégué pour recevoir les actes de cette section.

31. Arrêté de délégation d'un adjoint ou d'un conseiller municipal pour remplir les fonctions d'officier de l'état civil. — Nous (*prénoms et nom*), maire de la commune de. . . . . . Déléguons pour remplir les fonctions d'officier de l'état civil en notre lieu et place et concurremment avec nous, Monsieur (*nom et prénoms de l'adjoint*), notre adjoint. *Ou* : Attendu que notre adjoint est absent, délégnons Monsieur (*nom et prénoms du conseiller municipal*), premier conseiller municipal dans l'ordre du tableau, pour remplir les fonctions d'officier de l'état civil en notre lieu et place et concurremment avec nous.

Fait à. . . . . le. . . . . . 189 .

(*Cachet de la mairie.*) Le Maire.

32. Formule à mettre en tête des actes lorsqu'ils ne sont pas reçus par le maire. — L'an mil huit cent. . . , et le. . . . à . . . heures du. . . . . par devant nous (*nom et prénoms*), adjoint de la commune de. . . . . , arrondissement de. . . . . , département de. . . . , remplissant en vertu d'une délégation spéciale les fonctions d'officier de l'état civil. *Ou* : remplissant les fonctions d'officier de l'état civil en l'absence du maire empêché. *Ou* : par devant nous (*nom et prénoms*), conseiller municipal de la commune de . . . . etc., remplissant par délégation spéciale du maire. *Ou* : en l'absence ; *ou* : à cause de l'empêchement ; *ou* : à cause de la démission du maire et de l'adjoint, les fonctions d'officier de l'état civil.

33. Compétence de l'officier de l'état civil. — L'officier de l'état civil ne peut recevoir que les actes constatant les naissances, mariages et décès qui se sont produits dans sa commune.

Il ne peut être à la fois, dans un acte, témoin ou déclarant et officier de l'état civil. Rien ne s'oppose à ce qu'il reçoive un acte concernant ses parents ou alliés ; mais il ne pourrait constater lui-même la naissance, le mariage ou le décès de ses propres enfants ou petits-enfants.

34. Témoins. — Les témoins doivent être du sexe masculin, âgés de plus de 21 ans, parents ou autres, mais choisis de préférence parmi les personnes intéressées. Les témoins doivent jouir de leurs facultés intellectuelles et n'être pas en état d'interdiction légale ; ainsi un aliéné, un interdit ordinaire, un individu condamné à une peine infamante ne sont pas admis à servir de témoins.

Les étrangers peuvent être témoins.

Dans certaines communes, les secrétaires de mairie et les gardes champêtres sont témoins dans presque tous les actes. C'est un abus qu'il importe de faire cesser.

35. Déclarants et parties intéressées. — Dans les actes de décès, les déclarants se confondent avec les témoins ; ils se confondent également avec la partie intéressée dans les actes de mariage et de naissance. On leur donne le nom de *comparants* quand ils comparaissent en personne.

Dans les actes de naissance et de mariage, les comparants ne sont pas assujettis aux conditions d'âge et de sexe des témoins.

36. Fondé de procuration authentique. — L'article 36 du Code civil porte que dans le cas où les parties intéressées ne sont pas obligées de comparaître en personne, elles sont autorisées à se faire représenter par un fondé de procuration *spéciale et authentique* ; c'est-à-dire par une personne munie d'une procuration reçue par un notaire et précisant nettement l'objet du mandat. Il est évident que dans les actes de naissance et de mariage, les enfants et les futurs ne peuvent se faire représenter ; mais les père et mère ont toujours le droit de se faire représenter par un fondé de procuration. (*Voir nos 150 et suivants.*)

Dans ce cas, le fondé de procuration est désigné dans l'acte qu'il signe. La procuration demeure annexée aux pièces.

SECTION IV

Publicité des registres de l'état civil.

37. Publicité. — Les registres de l'état civil sont publics ; c'est-à-dire que toute personne a le droit de se faire délivrer des expéditions des actes qui y sont inscrits. Mais on n'a pas le droit de fouiller dans les registres.

38. Dépositaires. — Les expéditions sont délivrées par les dépositaires des registres qui sont les maires, dans les communes, et le greffier, au chef-lieu d'arrondissement. Ils sont tenus, sous peine de dommages-intérêts, de délivrer les expéditions *à tous requérants.*

39. Expéditions. — Les expéditions sont la reproduction *littérale* des actes et des mentions qui ont pu y être faites. Il n'est pas permis de changer le moindre mot, et même de rectifier une faute d'orthographe qui aurait pu se glisser dans la rédaction de l'acte. Elles sont certifiées conformes et signées par le maire ou par le greffier. Un secrétaire de mairie ou un commis greffier non assermenté n'a aucune qualité pour signer une expédition. Les parties ont le droit de collationner l'expédition à la minute dont lecture est faite par le dépositaire.

Une expédition est délivrée sur papier timbré de un franc quatre-vingt, sauf les exceptions mentionnées au numéro 44. Chaque page ne doit pas contenir plus de 25 lignes et plus de 14 ou 16 syllabes à la ligne.

40. Cout des expéditions. — Le coût des expéditions est fixé par le décret du 12 juillet 1807 de la manière suivante :

	COUT			TOTAL
	du timbre	de la légalisation	des droits d'expédition	
1° *Actes de naissance et de décès :*				
A Paris	1.80	0.25	0 75	2.80
Dans les villes de plus de 50.000 habitants	1.80	0.25	0.50	2.55
Dans les autres villes	1.80	0.25	0.30	2.35
2° *Actes de mariage, d'adoption ou de divorce :*				
A Paris	1.80	0.25	1.50	3.55
Dans les villes de plus de 50.000 habitants	1.80	0.25	1 »	3.05
Dans les autres villes	1.80	0.25	0.60	2.65

Il est interdit, sous peine de concussion, de réclamer aucun autre droit. Les droits d'expédition constituent une des recettes ordinaires de la commune. En aucun cas, ils ne peuvent être abandonnés aux secrétaires de mairie. Un registre est tenu dans les mairies pour l'inscription des sommes reçues, avec l'indication de la nature des actes. A la fin de chaque trimestre, un extrait de ce registre, signé par le maire, doit être remis, en même temps que les sommes reçues, au receveur municipal qui le joint à son compte comme justification de recette.

41. Enregistrement des expéditions. — Les expéditions n'ont pas besoin d'être enregistrées, sauf quand il s'agit de la première expédition d'un acte de reconnaissance ou de divorce, comme nous le verrons aux numéros **154** et **258**.

42. Certificats. — Les certificats de publication, de non-opposition, etc., ne sont pas des expéditions. Ils sont écrits sur papier timbré de 0 fr. 60, sauf en cas d'indigence, mais ne donnent droit à aucun émolument.

43. Légalisation. — Quand les expéditions et les autres certificats sont destinés à servir *hors de l'arrondissement*, la signature de l'officier de l'état civil doit être légalisée par le juge de paix ou par le président du tribunal ou par un juge. La légalisation est inutile lorsqu'il doit être fait usage de l'expédition dans une autre commune dépendant de l'arrondissement. Néanmoins, pour éviter des retards, nous conseillons aux officiers de l'état civil de faire toujours légaliser leur signature. En tous cas, le sceau de la mairie doit être apposé sur l'expédition.

44. Expéditions délivrées gratis. — Les exceptions à l'obligation de délivrer les expéditions sur papier timbré sont très nombreuses. Sont dispensés du timbre et de tous droits :

a) Les expéditions, extraits, certificats délivrés aux personnes dont l'indigence est régulièrement constatée, ainsi qu'à celles qui sont pourvues du bénéfice de l'assistance judiciaire ;

b) Les extraits, copies et expéditions qui se délivrent à une administration ou à un fonctionnaire public ;

c) Les expéditions délivrées au procureur général, au procureur de la République, au juge de paix, pour les besoins de l'administration de la justice ;

d) Les extraits destinés à faire admettre à l'hospice ou à l'assistance publique les enfants trouvés ou moralement abandonnés ;

e) Les expéditions que doivent produire les veuves et les enfants des militaires pour obtenir des pensions ou des secours du gouvernement, ou pour recevoir les arrérages de rentes échus lors de la mort d'un militaire pensionné ;

f) Les extraits ou certificats nécessaires pour les enrôlements volontaires ; ceux destinés aux gendarmes pour être admis à prêter serment, ou à des militaires qui demandent à entrer dans la gendarmerie, ou encore à des ouvriers qui émigrent dans les colonies françaises ;

g) Les certificats de naissance délivrés pour le placement des enfants dans les manufactures ;

h) Les extraits nécessaires pour l'exécution de la loi relative à la caisse nationale des retraites pour la vieillesse ;

i) Les expéditions délivrées pour les besoins des sociétés de secours mutuels ;

j) Les expéditions délivrées à certains gouvernements étrangers.

Dans tous ces cas, l'expédition, l'extrait ou le certificat doit contenir la mention expresse de sa destination spéciale.

Formule : Pour extrait conforme destiné à servir au mariage d'indigents ; *ou* : délivré à la requête de M. le procureur de la République ; *ou* : destiné à l'exécution de la loi sur la caisse des retraites pour la vieillesse... etc.

SECTION V

Sanction légale des règles précédentes.

45. Foi due aux actes. — Les actes et les expéditions des actes de l'état civil font foi jusqu'à inscription de faux. Néanmoins il importe de distinguer entre la foi due aux déclarations des parties et les constatations faites par l'officier de l'état civil lui-même ; les premières peuvent être détruites par la preuve contraire, tandis que les constatations du maire, comme la date de l'acte, le sexe d'un enfant, le décès d'une personne, etc., font foi jusqu'à inscription de faux.

L'officier de l'état civil n'a pas à se livrer à une enquête sur la véracité des déclarations qui lui sont faites. Il se borne à constater que telle déclaration lui a été faite par telle personne, et à l'énoncer dans l'acte, pourvu toutefois qu'elle ne soit pas contraire aux lois et règlements.

46. Constatation de l'identité des personnes désignées dans les actes. — Les noms, prénoms, âges, qualités, professions de toutes les parties désignées dans l'acte doivent être énoncés minutieusement. Le nom patronymique surtout, écrit en caractères un peu plus gros que ceux du corps de l'acte, doit être l'objet d'une attention spéciale. Il ne faut omettre aucun prénom, et les inscrire dans l'ordre où ils sont mentionnés. Il faut bien se garder d'omettre la qualité de membre de la Légion d'honneur, quand il y a lieu. Les titres nobiliaires *authentiques* peuvent être insérés.

L'officier de l'état civil n'est pas tenu à énoncer son âge dans l'acte.

47. Déclarations et constatations. — En principe l'officier de l'état civil ne doit constater que ce qui est prescrit par la loi, quelles que soient les déclarations des parties. C'est ainsi qu'il est défendu de recevoir la déclaration d'un enfant adultérin, de demander le nom du père d'un enfant naturel ou le nom de la mère d'un enfant naturel, lorsque ce nom n'est pas déclaré spontanément par la personne qui présente l'enfant, ou d'indiquer les causes de la mort d'une personne.

Comme nous l'avons dit plus haut, il n'a pas d'enquête à faire pour vérifier les déclarations des parties. Néanmoins, il ne faudrait pas voir en lui un scribe inconscient, ou un simple greffier tenu d'enregistrer tout ce qu'on lui dit. Il ne peut être obligé à recevoir des déclarations qui engageraient sa responsabilité, ou qui seraient manifestement contraires à la vérité. Ainsi supposons qu'on présente à la mairie un enfant qu'on déclare comme enfant naturel d'une mère célibataire, alors que l'officier de l'état civil sait que cette mère est mariée, il est évident qu'il devra refuser de recevoir cette déclaration manifestement fausse.

L'officier de l'état civil ne doit cependant opposer un refus que sur des présomptions graves, ou sur des faits de notoriété publique. En cas de doute, il devra en référer au procureur de la République.

48. Pénalités. — Dans le but d'assurer la bonne tenue des registres et la régularité parfaite des actes, le législateur a édicté des peines sévères contre les officiers de l'état civil négligents ou coupables. Nous verrons en étudiant les règles relatives aux naissances, aux mariages, aux divorces et aux décès que l'omission de certaines prescriptions entraîne des peines sévères et importantes. Dès à présent, nous croyons devoir mentionner que l'article 50 du Code civil punit d'une amende qui ne peut excéder cent francs, sans préjudice des actions en dommages-intérêts qui peuvent être exercées par les parties, toute contravention aux règles rappelées dans les sections précédentes. Nous admettons volontiers que cet article est rarement appliqué ; il serait, en effet, fort difficile de trouver des maires si pour un blanc ou pour un grattage on leur infligeait cent francs d'amende ! Mais cette pénalité possible démontre avec quel soin il faut rédiger les actes.

Le refus de délivrer une expédition ou un extrait régulièrement demandé expose à une amende.

Le fait d'inscrire un acte sur une page volante entraîne une peine de un mois à trois mois d'emprisonnement et une amende de seize à deux cents francs.

La suppression, la soustraction ou le détournement des registres de l'état civil sont punis de l'emprisonnement, de la réclusion ou des travaux forcés suivant les cas.

Enfin le fait de dénaturer un acte lors de sa confection, ou de l'altérer après coup, constitue le crime de faux en écriture authentique qui est puni des travaux forcés à perpétuité, s'il est commis par l'officier de l'état civil, et de la peine des travaux forcés à temps, s'il est commis par un particulier.

CHAPITRE II

REGISTRE DES NAISSANCES.

SECTION I

Des actes de naissance.

49. Déclaration de naissance. — Les déclarations de naissance doivent être faites dans les trois jours de l'accouchement à l'officier de l'état civil. Le jour de l'accouchement ne compte pas dans ce délai ; en outre, si le troisième jour tombe un dimanche ou un jour de fête, le délai est augmenté d'un jour. Donc un enfant né le premier juin à deux heures du matin, peut être valablement déclaré le quatre juin à huit heures du soir. De même, un enfant né le jeudi, pourra être déclaré le lundi suivant.

Si une déclaration est faite après ce délai, l'officier de l'état civil refusera de la recevoir, car il faut un jugement du tribunal pour en ordonner l'insertion.

50. Personnes chargées de la déclaration. — C'est d'abord le père qui a mission de déclarer son enfant à la mairie ; à son défaut, les médecins, sages-femmes, parents ou autres personnes qui assistaient à l'accouchement sont obligés de faire la déclaration légale. En outre, quand une femme accouchera, soit dans une maison publique, soit dans la maison d'autrui, la personne qui commandera dans cette maison, ou qui en aura la direction, sera tenue de déclarer la naissance. Il résulte de cette règle que les hommes et les femmes peuvent régulièrement faire une déclaration de naissance.

51. Déclaration tardive. — En cas d'omission, ou de déclaration tardive, les personnes qui sont chargées de faire la déclaration sont passibles d'un emprisonnement de six jours à six mois et d'une amende de seize à trois cents francs. La même peine est encourue par une personne qui ferait la déclaration dans une commune autre que celle de la naissance.

52. Présentation de l'enfant. — Tous les actes de naissance portent invariablement la formule suivante : *devant nous est comparu le sieur X...., qui nous a présenté un enfant, etc.* Cette mention est-elle toujours exacte ? Nous en doutons fort ; car, malgré les termes impératifs de l'article 55 du Code civil, la formalité de la présentation à la mairie n'est plus guère employée. Dans presque toutes les communes de France, les officiers de l'état civil donnent mandat à un médecin de constater les naissances, ou se contentent d'un certificat de la sage-femme qui a pratiqué l'accouchement. Malgré l'irrégularité de cette façon d'agir, nous ne pouvons la blâmer, car elle évite des dangers réels pour la santé des enfants.

Quelques officiers de l'état civil se contentent de la déclaration faite par le père et les deux témoins à la mairie. C'est une pratique qu'il importe de faire disparaître.

53. Formule du mandat de visite donné à un médecin. — Nous (*nom et prénoms*), maire et officier de l'état civil de la commune de... mandons et ordonnons à M....., docteur en médecine demeurant à..... de se transporter immédiatement au domicile du sieur. . . . . et de la dame. . . . . récemment accouchée, de se faire présenter le nouveau-né, d'en constater le sexe et de dresser du tout un certificat dans les formes prescrites, lequel devra être déposé immédiatement par lui à la mairie.

Fait à . . . . . le . . . . . 189 .

Le Maire.

Nota. Il nous paraît indispensable que le médecin soit assermenté. Son certificat de constatation doit être joint aux pièces annexées.

54. Rédaction de l'acte de naissance. — L'acte de naissance exige la présence de quatre personnes : le déclarant, les deux témoins et l'officier de l'état civil. L'article 57 du Code civil détermine les énonciations qu'il doit contenir : « L'acte de « naissance énoncera le jour, l'heure et le lieu de la naissance, « le sexe de l'enfant, les prénoms qui lui sont donnés, les noms, « prénoms, profession, âge et domicile du père et de la mère de « l'enfant et ceux des témoins. »

55. Formule d'un acte de naissance d'enfant légitime déclaré par son père.— L'an mil huit cent . . . et le . . . à . . . heures du... par devant nous (*nom et prénoms*), maire et officier de l'état civil de la commune de . . ., arrondissement de . . ., département de. . ., est comparu, en la maison commune, le sieur (*nom, prénoms, âge, profession et domicile du père de l'enfant*), lequel nous a présenté un enfant du sexe. . . qu'il nous a dit être né le . . . à . . . heures du. . . en son domicile situé . . . . de lui déclarant et de (*nom, prénoms, âge et profession de la mère de l'enfant*), son épouse, avec laquelle il demeure, et auquel enfant il a donné les prénoms de . . . Les dites déclaration et présentation ont été faites en présence de (*nom, prénoms, âge, profession et domicile du premier témoin*), oncle de l'enfant, et de (*nom, prénoms, âge, profession et domicile du deuxième témoin*) ; et, après lecture faite, le déclarant et les deux témoins ont signé avec nous.

(*Suivent les signatures.*)

56. JOUR ET HEURE DE LA NAISSANCE. — Il est indispensable d'indiquer exactement le jour et l'heure de la naissance. Ainsi il ne faut pas mettre *trois heures*, si la naissance a eu lieu à *trois heures quarante minutes*. Cette précision est surtout importante pour indiquer celui des deux enfants jumeaux qui est l'aîné et pour calculer la date exacte de la majorité. Ainsi un enfant né le premier août 1875, à 8 heures du soir, sera majeur le premier août 1896, non pas à 8 heures du matin, mais à 8 heures du soir seulement (1).

(1) A quel moment deviennent majeurs les enfants nés le jour intercalaire d'une année bissextile, c'est-à-dire le 29 février ? Quelles que soient les heures des naissances dans la journée du 29 février, cette journée-là

57. Lieu de la naissance. — Il ne suffit pas d'indiquer la commune dans laquelle est né l'enfant, mais il faut préciser la demeure, la rue, le numéro.

58. Prénoms. — Les prénoms en usage dans les différents calendriers, et ceux des personnages de la Bible et de l'histoire ancienne pourront seuls être reçus comme prénoms sur les registres de l'état civil, Telle est la règle : mais en réalité elle est tombée en désuétude et chacun donne à ses enfants les prénoms qu'il veut.

Nous recommandons seulement de ne jamais donner aux enfants le prénom usuel du père, et de ne donner qu'un seul prénom pour éviter, plus tard, des embarras et des rectifications. En 1895, en vérifiant les registres de l'état civil de l'arrondissement de Mézières-Charleville, nous avons trouvé un acte de naissance dans lequel l'enfant était affligé de six prénoms !!.

Les *surnoms* ne doivent jamais être mentionnés dans les actes.

59. Titres nobiliaires. — Nous avons dit que les titres nobiliaires *authentiques* pouvaient être mentionnés dans les actes; mais il arrive que certains pères de famille, soit par vanité, soit par fantaisie, se permettent de prendre dans l'acte de naissance de leurs enfants, un titre qui ne leur appartient pas, ou de faire suivre leur nom patronymique d'un nom de terre précédé de la particule *de*. L'officier de l'état civil ne doit pas se prêter à cette fraude qui rendrait l'acte irrégulier.

60. Énonciation des noms, prénoms, professions et domiciles du père et de la mère. — Cette prescription, extrêmement délicate, exige, dans certains cas, une grande circonspection de la part de l'officier de l'état civil. Nous résumons les règles à suivre, de la manière suivante :

ne se retrouvant pas dans le vingt et unième anniversaire, tous ceux qui sont nés dans ce jour bissextil acquièrent leur majorité à l'expiration du mois de février, c'est-à-dire le 28.

61, *a*) Enfant né pendant le mariage. — L'enfant né pendant le mariage est légitime. Son acte de naissance doit invariablement contenir les noms, prénoms, professions et domiciles de ses père et mère.

62. *b*) Enfant incestueux ou adultérin. — Il est défendu de désigner les noms du père et de la mère en cas de naissance incestueuse (enfant issu de personnes entre lesquelles le mariage est prohibé ; fille et père, mère et fils, frères et sœurs, ascendants et descendants, oncle et nièce, tante et neveu, grand-oncle et petite-nièce, petit-neveu et grand'tante, beau-père et belle-fille, belle-mère et gendre, beaux-frères et belles-sœurs) : de même, en cas de naissance adultérine (enfant issu de deux personnes non mariées ensemble, mais dont l'une au moins est engagée dans les liens du mariage).

63. *c*) Enfant naturel. — Il est défendu d'indiquer le nom du père d'un enfant naturel, à moins que ce ne soit sur la déclaration du père lui-même ou de son fondé de procuration spéciale et authentique. La déclaration d'un enfant naturel par son père vaut reconnaissance.

64. *d*) Nom de la mère d'un enfant naturel. — Le déclarant n'est pas obligé à donner le nom de la mère d'un enfant naturel. S'il refuse de le donner, l'officier de l'état civil ne peut l'y contraindre et inscrit l'enfant comme né de père et mère inconnus. Si le nom de la mère est désigné *spontanément et sans pression* par le déclarant, il faut le consigner dans l'acte. Cette désignation ne vaut pas reconnaissance, mais elle est la preuve de l'accouchement ; or, comme la recherche de la maternité est admise, cette mention sera plus tard une preuve précieuse pour l'enfant naturel.

65. Formule d'un acte de naissance d'un enfant légitime déclaré par une autre personne que son père. — L'an mil huit cent . . . . . etc . . . . . est comparu (*nom, prénoms, âge, pro-*

fession, domicile et degré de parenté du déclarant), lequel à défaut du père légitime empêché, *ou* en voyage, *ou* alité, nous a présenté un enfant de sexe. . . . en nous déclarant que cet enfant est né le. . . . ., à. . . heures du. . . . ., au domicile de ses père et mère, en cette commune, de (*nom, prénoms, âge et profession du père*) et de (*nom, prénoms, âge et profession de la mère*) son épouse ; auquel enfant il a été donné les prénoms de. . . . etc. . .

66. Formule d'acte de naissance d'un enfant naturel avec désignation du nom de la mère. — L'an mil huit cent. . . . . etc. . . . est comparu (*nom, prénoms, âge, profession, domicile et degré de parenté, ou non parenté du déclarant*), lequel nous a déclaré que (*nom, prénoms, âge, profession et domicile de la mère*), célibataire, est accouchée le. . ., à . . heures du. . . . ., à (*indiquer le domicile*), d'un enfant du sexe. . . . qu'il nous présente, né de père inconnu et auquel enfant il a été donné les prénoms de. . . . etc. . .

67. Formule d'acte de naissance d'un enfant naturel quand ni le père ni la mère ne sont déclarés. — L'an mil huit cent. . . . . etc. . . . est comparu (*nom, prénoms, âge et domicile du déclarant*), sage-femme *ou* médecin, lequel nous a présenté un enfant du sexe. . . ., nous déclarant qu'il est né le. . . ., à. . . . . . heures du. . . . à (*indiquer le domicile*), de parents non désignés et qu'il lui a été donné les prénoms de. . . . etc. . .

68. Filiation légitime. — L'enfant conçu et né pendant le mariage est légitime. L'enfant né cent quatre-vingts jours après la célébration du mariage, ou moins de trois cents jours après la dissolution du mariage doit être inscrit comme légitime sur les registres de l'état civil.

Mais comment inscrire l'enfant né moins de cent quatre-vingts jours après le mariage, ou né depuis plus de trois cents jours après la dissolution du mariage ? Il n'entre pas dans le cadre de ce manuel pratique de trancher ces questions extrêmement délicates, et heureusement très rares. Nous conseillons donc aux officiers de l'état civil de s'adresser, quand elles se présenteront, au procureur de la République qui leur donnera ses instructions. Mais il ne faut pas perdre de vue que l'enfant né pendant le mariage est réputé légitime quel que soit le vice de sa conception et que l'enfant né plus de trois cents jours après la dissolution du mariage n'est pas déclaré enfant naturel de plein droit. Il n'appartient pas aux officiers de l'état civil de trancher ces questions ; ils se borneront à recueillir les déclarations telles qu'elles leur seront faites, à condition toutefois qu'elles ne présentent rien de contraire à l'ordre public et aux lois ; puis les tribunaux décideront après sur les questions qui leur seront soumises par les intéressés.

69. Impossibilité de cohabitation au moment de la conception. — L'incarçération, ou l'absence prolongée ou une maladie du mari ne peut jamais être assimilée à la mort ou au divorce. Donc l'officier de l'état civil n'a pas à se préoccuper de cette situation ; il inscrira l'enfant comme légitime, sauf au mari à désavouer l'enfant dans les formes prescrites par la loi.

70. Enfant né après le divorce ou après la séparation de corps. — La séparation de corps ne rompt pas le mariage. Donc l'enfant qui naît après la séparation est toujours réputé légitime, sauf le désaveu du mari. Le divorce au contraire brise le lien du mariage et rend l'enfant étranger au mari à moins qu'il ne naisse dans les dix mois qui suivent la date de la réquisition de transcription du jugement de divorce.

71. Enfants trouvés. — Toute personne qui trouve un enfant nouveau-né est tenue de le remettre immédiatement à l'officier de l'état civil de la commune, ainsi que les vêtements et autres objets trouvés sur l'enfant et de déclarer toutes les circonstances de temps et de lieux où il a été trouvé. Une personne qui négligerait de se conformer à ces prescriptions serait passible d'un emprisonnement de six jours à six mois et d'une amende de seize à trois cents francs.

L'officier de l'état civil doit dresser un procès-verbal détaillé de cette présentation et énoncer l'âge apparent de l'enfant, son sexe, les noms qui lui sont donnés et l'autorité à laquelle il est remis. Ce procès-verbal devant tenir lieu d'acte de naissance, il importe de décrire avec le plus grand soin les vêtements, les objets, les papiers, les médailles, etc., qu'on pourrait trouver sur l'enfant, ainsi que les marques et signes particuliers qui existeraient sur son corps.

Quand la personne qui a trouvé un enfant ne veut pas s'en charger, l'officier de l'état civil envoie à la préfecture une copie du procès-verbal; en attendant la décision du préfet, il doit prendre toutes les mesures nécessaires pour assurer la santé et la vie de l'enfant.

Il faut également prévenir le procureur de la République qui ordonnera une enquête pour découvrir l'auteur de l'exposition ou du délaissement de l'enfant. En effet, le fait de délaisser ou d'exposer un enfant de moins de sept ans, dans un lieu solitaire, est puni d'un emprisonnement de six mois à deux ans, et d'une amende de seize à deux cents francs; et dans un lieu non solitaire, d'un emprisonnement de trois mois à un an, et d'une amende de seize à cent francs.

72. Formule d'un procès-verbal servant d'acte de naissance à un enfant trouvé. — L'an mil huit cent. . . etc... est comparu (*nom, prénoms, âge, profession et domicile de la personne qui a trouvé et présenté l'enfant*), lequel nous a présenté un enfant paraissant âgé d'environ... jours, et nous a déclaré l'avoir trouvé le. . . à. . . heures du. . . . (*indiquer d'une façon très précise, l'endroit où l'enfant a été trouvé*). Cet enfant est emmailloté avec soin; il porte sur la tête un petit bonnet en fil et coton, blanc et rouge, à mailles étroites : par dessous, un second bonnet en coutil blanc. Nous enlevons d'abord une brassière attachée à l'aide de quatre épingles doubles; cette brassière est en coton blanc, à côtes, sans marque; elle paraît neuve; sous cette brassière, nous trouvons un billet épinglé sur la seconde brassière. Ce billet, qui restera annexé au présent, est écrit sur du papier quadrillé, d'une écriture fine et correcte : il est ainsi conçu : « Cet enfant s'appelle Jean; avant de mourir, je le confie à la pitié publique. » La seconde brassière, en toile fine, est marquée dans un coin par les initiales M. L. Après avoir mis l'enfant à nu, nous constatons qu'il est du sexe. . . . qu'il porte au-dessous du sein droit une tache de couleur brune de la dimension d'une pièce de cinquante centimes. Nous avons donné à cet enfant les prénoms de Jean-Louis et avons ordonné qu'il serait immédiatement porté, avec les vêtements trouvés sur lui, à l'hospice de...... Nous l'avons en conséquence confié aux soins de Madame (*nom, prénoms, âge*), sage-femme, domiciliée en cette commune, qui s'est chargée de le conduire à. . . . . . De tout quoi nous avons dressé le présent procès-verbal pour servir d'acte de naissance, en présence de (*noms, prénoms, âges, professions et domiciles des deux témoins*). Et après lecture faite, le déclarant, les témoins et la sage-femme ont signé avec nous.

(*Suivent les signatures.*)

Nota. S'il y a un procès-verbal de la gendarmerie ou du commissaire de police, il faut le transcrire littéralement, après les constatations personnelles de l'officier de l'état civil.

73. Enfants jumeaux. — La naissance de deux enfants jumeaux est constatée par deux actes distincts ; le même déclarant et les mêmes témoins peuvent intervenir dans les deux actes. L'enfant qui est sorti le premier du sein de la mère est l'aîné ; aussi il importe de préciser avec soin l'heure exacte de la naissance de chacun.

74. Formule d'acte de naissance d'un enfant jumeau. — L'an mil huit cent. . . . . etc. . . . . lequel nous a présenté un enfant du sexe. . . . qu'il nous a dit être né le. . . . . à. . heures. . . minutes du. . . . . en son domicile sis en cette commune, de lui déclarant et de (*nom, prénoms, âge, profession de la mère*), son épouse, domiciliée avec lui, auquel enfant il a donné les prénoms de . . . . Il nous a, de plus, fait connaître que cet enfant est sorti du sein de sa mère avant *ou* après un autre enfant jumeau du sexe . . . . . . dont celle-ci est accouchée le. . . . . . à. . . . . heures. . . . minutes du. . . . . . Et nous avons constaté que l'enfant auquel s'applique le présent acte a pour signe particulier de distinction (*indiquer la nature et la position des marques qui peuvent exister sur le corps de l'enfant, pour empêcher la confusion entre les deux enfants, s'ils sont du même sexe*).

En foi de quoi, etc.

Nota. Si les jumeaux sont naturels ou légitimes, il sera facile à l'officier de l'état civil de modifier les formules.

75. Enfant présenté sans vie. — Lorsque le cadavre

d'un enfant *dont la naissance n'a pas été enregistrée* est présenté à l'officier de l'état civil, celui-ci ne doit pas consigner dans l'acte que l'enfant est *décédé*, ou qu'il lui a été présenté *mort-né*, ce qui serait préjuger la question de savoir si l'enfant est né vivant et viable, mais seulement qu'il a été présenté *sans vie*.

Cet acte doit être inscrit sur le registre des décès et non sur le registre des naissances.

La déclaration d'un fœtus dont le sexe n'est pas formé est inutile : mais dès que les organes essentiels apparaissent, il faut le déclarer à la mairie.

La déclaration d'un enfant né à l'état de cadavre doit être faite dans les trois jours comme pour les déclarations ordinaires.

Nous rappelons à ce sujet aux officiers de l'état civil qu'ils sont officiers de police judiciaire et qu'en cette qualité ils sont tenus d'examiner si l'enfant présenté sans vie n'aurait pas été victime d'un crime ou d'une imprudence. Le cas échéant, il y aurait lieu de faire appeler un médecin pour constater l'état du cadavre et de prévenir le procureur de la République.

75 *bis*. Formule de l'acte de décès d'un enfant présenté sans vie. — L'an mil huit cent. . . . etc. . . . lesquels nous ont présenté un enfant sans vie, du sexe. . . . , nous déclarant qu'il est né de (*noms, prénoms, âges, profession, domicile et qualité d'époux du père et de la mère*) au domicile de ses parents et que cet enfant est sorti du sein de sa mère le. . . . . à. . heures du. . . . . . . Lesquelles présentation et déclaration les deux déclarants ont signées avec nous, après lecture faite.

76. Naissance en mer.— En cas de naissance pendant un voyage maritime, il en est dressé un acte dans les trois jours de l'accouchement, en présence du père s'il est à bord, et de deux témoins pris parmi les officiers du bâtiment, ou, à leur défaut, parmi les hommes de l'équipage.

Si la naissance a lieu pendant un arrêt dans un port, l'acte est dressé dans les mêmes conditions, lorsqu'il y a impossibilité de communiquer avec la terre ou lorsqu'il n'existe pas dans le port, s'il l'on est à l'étranger, d'agent diplomatique ou consulaire français investi des fonctions d'officier de l'état civil.

Dans ces cas, l'acte de naissance est rédigé, savoir : Sur les bâtiments de l'État, par l'officier du commissariat de la marine, ou, à son défaut, par le commandant ou celui qui en remplit les fonctions ; et sur les autres bâtiments, par le capitaine, maître ou patron, ou celui qui en remplit les fonctions. L'acte est inscrit à la suite du rôle d'équipage.

Puis, au premier port où le bâtiment aborde pour toute autre cause que celle de son désarmement, l'officier instrumentaire est tenu de déposer deux expéditions de chacun des actes de naissance dressés à son bord. Ce dépôt est fait, savoir : Si le port est français, au bureau des armements par les bâtiments de l'État, et au bureau de l'inscription maritime par les autres bâtiments ; si le port est étranger, entre les mains du consul de France Dans le cas où il ne se trouverait pas dans ce port de bureau des armements, de bureau de l'inscription maritime ou de consul, le dépôt doit être ajourné au plus prochain port d'escale ou de relâche.

L'une des expéditions ainsi déposées est adressée au ministre de la marine, qui la transmet à l'officier de l'état civil du dernier domicile du père de l'enfant ou de la mère, si le père est inconnu, afin qu'elle soit transcrite sur les registres ; si le dernier domicile ne peut être retrouvé ou s'il est hors de France, la transcription est faite à Paris. L'autre expédition reste déposée aux archives du consulat ou du bureau de l'inscription maritime. Mention des envois et dépôts effectués est portée en marge des actes originaux par les commissaires de l'inscription maritime ou par les consuls.

A l'arrivée du bâtiment dans le port de désarmement, l'officier instrumentaire est tenu de déposer une expédition de chacun des actes de naissance dressés à bord dont copie n'aurait point été déjà déposée conformément à ce que nous venons de dire. Ce dépôt est fait, pour les bâtiments de l'État, au bureau des armements, et, pour les autres bâtiments, au bureau de l'inscription maritime. L'expédition ainsi déposée est adressée au ministre de la marine qui la transmet à l'officier de l'état civil de la commune où le père de l'enfant avait son dernier domicile.

SECTION II

Actes de reconnaissance.

77. Enfants naturels. — L'enfant naturel reconnu par son père, porte le nom de son père ; l'enfant naturel reconnu par sa mère seulement, porte le nom de sa mère ; l'enfant naturel non reconnu n'a droit ni au nom de son père ni au nom de sa mère (1). La reconnaissance donne en outre aux enfants naturels certains droits de famille et notamment celui d'hériter de la succession de leurs père et mère. Ils ont le tiers de ce qu'ils auraient eu, s'ils avaient été légitimes, lorsqu'il y a des enfants légitimes ; la moitié de ce qu'ils auraient eu s'ils avaient été légitimes, lorsque leurs père et mère ne laissent que des frères et des sœurs ; des trois quarts de ce qu'ils auraient eu s'ils avaient été légitimes, quand il y a des héritiers qui ne sont ni les enfants, ni les frères et sœurs, ni les ascendants ; et la totalité de la succession, lorsqu'il n'y a pas d'héritiers au degré successible.

Il est donc très important pour l'officier de l'état civil de connaître exactement les formalités à remplir pour la reconnaissance des enfants naturels.

78. Reconnaissance reçue par notaire. — Il existe deux manières de reconnaître les enfants naturels, soit par devant notaire, soit par devant l'officier de l'état civil.

La reconnaissance reçue par acte notarié *peut* être transcrite sur les registres de l'état civil ; cette transcription est facultative

(1) Cependant, un jugement du tribunal civil d'Argentan, en date du 4 juillet 1894, a décidé qu'un enfant naturel peut porter le nom de la personne désignée comme sa mère, dans son acte de naissance, encore bien que celle-ci ne l'ait pas reconnu. Nous ne pouvons, en ce qui nous concerne, accepter cette jurisprudence.

pour les parties ; mais elle est obligatoire pour le maire dès qu'il en a été légalement requis.

79. Formule de la transcription d'un acte de reconnaissance reçue par notaire. — L'an mil huit cent, . . . etc . . . . est comparu (*nom, prénoms, âge, profession et domicile du requérant*), lequel nous a requis de faire la transcription sur les registres de l'état civil de cette commune, d'un acte authentique en date du. . . . . mil huit cent. . . . . reçu par Maître. . . . . . notaire à. . . . . et son collègue, *ou* en présence de deux témoins, enregistré, aux termes duquel (*nom, prénoms, âge, profession et domicile du père*) a déclaré se reconnaître le père de l'enfant dont (*nom, prénoms, âge, profession et domicile de la mère*) est accouchée le. . . . . mil huit cent. . . . . . à. . . heures du. . . . , en son domicile, et qui a été inscrit le. . . . mil huit cent. . . . . sur les registres de l'état civil de la commune de. . . . sous les prénoms de. . . . . Faisant droit à cette réquisition, nous avons transcrit ledit acte dont la teneur suit : (*copier textuellement et in extenso l'acte reçu par le notaire*). L'expédition de l'acte ci-dessus transcrit a été annexée au présent registre après avoir été paraphée par nous et le requérant ; et après lecture faite, le requérant a signé avec nous.

(*Suivent les signatures.*)

80. Acte de reconnaissance reçu par l'officier de l'état civil. — La reconnaissance d'un enfant naturel peut se faire de trois manières devant l'officier de l'état civil : Dans l'acte de naissance même de l'enfant, par la déclaration spéciale faite par le père, ou par la mère, ou par un fondé de procuration spéciale et authentique ; dans l'acte de mariage des père et mère (Voir formule n° 236) ; et, par un acte spécial. Tout officier de l'état civil est compétent pour recevoir une reconnaissance quels que soient le domicile du déclarant et le lieu de naissance de l'enfant. Exemple : Paul, domicilié à Nancy, peut reconnaître devant l'officier de l'état civil de Reims, un enfant naturel qui est né à Charleville.

L'acte de reconnaissance est inscrit à sa date sur le registre des naissances en présence du déclarant et de deux témoins, dans la forme ordinaire des actes.

Dans le cas où un homme, sur le point de mourir, désirerait

reconnaître un enfant naturel, l'officier de l'état civil pourrait-il se transporter à son domicile avec les registres pour recevoir sa déclaration ? Nous n'hésitons pas à répondre affirmativement, bien que la chose soit peu régulière. L'intérêt de l'enfant doit l'emporter sur la forme.

81. Formule d'un acte de reconnaissance d'un enfant naturel par son père ou par sa mère. — L'an mil huit cent . . . . . etc . . . . . est comparu (*nom, prénoms, âge, profession et domicile du père, ou de la mère ou du fondé de procuration*) lequel a déclaré reconnaître pour son enfant, l'enfant du sexe . . . . . né le . . . . . mil huit cent . . . . . à . . . heures du . . . . . dans la commune de . . . . . et inscrit sur les registres de l'état civil de cette commune à la date du . . . . . sous les noms de. . . . . La dite déclaration . . . . . etc.

Si l'enfant a préalablement été reconnu par la mère, modifier la formule ainsi : lequel a déclaré reconnaître pour son enfant, l'enfant du sexe. . . . ., né le . . . . . mil huit cent . . . . . à . . . heures du . . . . . dans la commune de . . . . . et inscrit sur les registres de l'état civil de cette commune le . . . . . ; le dit enfant reconnu par (*nom, prénoms, âge, profession et domicile de la mère*) par acte du. . . . . mil huit cent . . . . . inscrit sur les registres de l'état civil de la commune de . . . . . le . . . . . mil huit cent. . . . .

82. Mention de la reconnaissance. — Que la reconnaissance soit constatée par acte de mariage ou par acte spécial, ou par acte notarié, il faut en faire mention en marge de l'acte de naissance de l'enfant reconnu. Si l'acte de naissance a été reçu dans la commune où la reconnaissance a été faite, l'officier de l'état civil inscrit la mention et en envoie une copie conforme, dans les trois jours, au procureur de la République qui fait opérer la même mention sur le double déposé au greffe. Si l'acte de naissance a été reçu dans une commune autre que celle de l'acte de reconnaissance, avis de cette reconnaissance doit être adressé au procureur de la République qui fera opérer les mentions tant dans la commune où l'enfant est né, que sur les registres du greffe (*Voir la note du n° 237*).

82 *bis*. Formule de la mention de reconnaissance. — L'enfant dont la naissance est constatée ci-contre a été reconnu par (*nom, pré-*

noms, âge, profession et domicile), son père *ou* sa mère, ainsi qu'il résulte d'un acte de reconnaissance inscrit sur les registres de la commune de . . . . . le . . . . . mil huit cent . . . . . etc.

Si la reconnaissance a eu lieu par acte notarié, modifier ainsi. . . ainsi qu'il résulte d'un acte authentique reçu par M^e^ . . . . . notaire à . . . . . le . . . . . mil huit cent . . . . ., enregistré, et dont l'expédition a été transcrite sur les registres de l'état civil de la commune de . . . . . le . . . . . etc.

Fait à . . . . . le . . . . . 189 .

Le Maire.

83. Enregistrement des actes de reconnaissance. — Si la reconnaissance a lieu par devant notaire, l'acte est enregistré avec la minute ; le maire en le transcrivant mentionne l'enregistrement.

Si la reconnaissance a lieu par acte de mariage, ou par acte spécial devant l'officier de l'état civil, le droit d'enregistrement est perçu lors de la délivrance de la première expédition. En conséquence quand l'officier de l'état civil délivre la première expédition d'un acte de reconnaissance, il ne doit la remettre à la partie qu'après le paiement des droits à l'administration de l'enregistrement. Le receveur porte sur l'expédition la mention ordinaire constatant le paiement des droits.

Ces droits sont fixés à trois francs soixante-quinze centimes si la reconnaissance a été faite par acte de mariage et à neuf francs trente-huit centimes dans tous les autres cas. Les actes de reconnaissance concernant les indigents sont enregistrés gratis, sur la production des certificats d'indigence. Il importe de remarquer que le droit de 3 fr. 75 ou de 9 fr. 38, n'est dû que sur l'expédition de l'acte même de l'état civil qui porte cette reconnaissance ; par conséquent, il n'est pas dû sur l'expédition de l'acte de naissance qui ne contient pas reconnaissance, mais qui est seulement émargé de la mention d'un acte ultérieur portant reconnaissance ou légitimation par mariage subséquent.

Pour que ces droits ne soient pas perçus une seconde fois, le maire doit s'empresser, sous sa responsabilité personnelle, avant de remettre l'expédition à la partie, de transcrire littéralement la mention de l'enregistrement en marge de l'acte de reconnaissance. Comme le greffier du tribunal civil est appelé concurremment avec l'officier de l'état civil à délivrer des expéditions, il est soumis aux mêmes formalités. En outre, il est nécessaire que la mention de l'enregistrement soit portée sur les deux doubles ; c'est pourquoi, le maire est tenu d'informer le greffier, et le greffier d'informer le maire, en cas de délivrance d'une première expédition enregistrée.

L'officier de l'état civil qui énoncerait dans un acte de mariage un acte de reconnaissance non enregistré serait passible d'une amende de cinquante francs.

84. Par qui une reconnaissance peut-elle être faite ? — Le père et la mère, soit par eux-mêmes, soit par mandataire spécial, peuvent reconnaître un enfant naturel. Le père en reconnaissant son enfant a le droit d'indiquer le nom de la mère ; la mère, au contraire, d'après une jurisprudence constante, ne peut indiquer le père.

Le père et la mère sont libres de reconnaître l'enfant, ensemble ou chacun séparément.

Le mariage du père et de la mère d'un enfant naturel reconnu par eux avant le mariage emporte légitimation.

Un prêtre, *un mineur*, un individu pourvu d'un conseil judiciaire, un interdit dans un moment lucide, une femme mariée sans l'autorisation de son mari, peuvent reconnaître un enfant naturel.

Nous devons signaler un cas qui a été porté en 1895 à notre connaissance : L. G., âgé de 22 ans, se maria avec une femme âgée de 26 ans ; avant le mariage, il déclara au maire qu'il voulait reconnaître et légitimer un enfant de cette femme. Cet enfant avait alors 9 ans ; L. G. au moment de la conception avait donc treize ans. Le maire nous demanda ce qu'il devait faire. Le cas était assez embarrassant... Quoi qu'il en soit et quelque bizarre que puisse paraître notre avis, nous répondîmes qu'il pouvait reconnaître et légitimer cet enfant.

85. Quels sont les enfants qui peuvent être reconnus ? — L'enfant conçu et non encore né peut être régulièrement reconnu par le père ou par la mère ; mais cette reconnaissance ne produit effet qu'à la condition que l'enfant naisse viable.

Il est possible de reconnaître un enfant mort. Cette reconnaissance profite à ses descendants légitimes.

Les enfants adultérins et incestueux ne peuvent jamais être reconnus ni légitimés par leurs père et mère.

L'enfant reconnu peut contester la reconnaissance dont il a été l'objet ; mais il ne serait pas fondé à s'opposer à ce qu'elle soit reçue par l'officier de l'état civil.

86. Reconnaissance des enfants en mer. — On peut reconnaître un enfant naturel pendant un voyage maritime. Dans ce cas, l'acte de reconnaissance est inscrit sur les registres du bord, à sa date ; et il en est fait mention en marge de l'acte de naissance, s'il en existe un. Les actes de reconnaissance sont reçus par les officiers instrumentaires ; et les transmissions sont faites comme il a été dit au n° 76. Toutefois l'expédition adressée au ministre de la marine est transmise par lui, de préférence, à l'officier de l'état civil du lieu où l'acte de naissance de l'enfant a été dressé ou transcrit, si ce lieu est connu.

SECTION III

Actes d'adoption.

87. Inscription des adoptions. — L'adoption est un contrat passé devant le juge de paix et soumis à l'homologation du tribunal et de la Cour d'appel. Dans les trois mois de la décision de la Cour d'appel, les parties intéressées sont tenues de remettre au maire de leur domicile une expédition régulière de l'arrêt en en requérant l'inscription sur les registres de l'état civil.

Cette inscription se fait sur le registre des naissances. Il y a lieu d'en faire mention, sur les deux doubles, en marge de l'acte de naissance de l'adopté et en marge des actes de naissance de ses enfants, le cas échéant.

88. Formule de la transcription de l'adoption. — L'an mil huit cent. . . . . etc. . . . . . est comparu (*nom, prénoms, âge, profession et domicile de l'adoptant, ou de l'adopté ou de leur fondé de procuration*), lequel nous a remis une expédition de l'arrêt de la Cour d'appel de. . . ., en date du . . . ., enregistré, et nous a requis d'inscrire sur les registres de l'état civil de cette commune que le sieur (*nom, prénoms, âge, profession, domicile, lieu et date de naissance de l'adopté*), est adopté par le sieur (*nom, prénoms, âge, profession et domicile de l'adoptant*). Faisant droit à cette réquisition nous avons transcrit ledit arrêt dont la teneur suit : (*copier en entier l'arrêt*). De tout quoi, nous avons dressé le présent procès-verbal que nous avons signé avec le requérant, après lecture faite.

(*Suivent les signatures.*)

89. Formule de la mention d'adoption à mettre en marge de l'acte de naissance de l'adopté. — L'enfant dont la naissance est ci-contre constatée a été adopté par le sieur (*nom et prénoms de l'adoptant*) par arrêt de la Cour d'appel de. . . . en date du. . . . . qui a été transcrit sur les registres de l'état civil de la commune de. . . . . le . . . . . mil huit cent . . . . .

Fait à . . . . . le. . . . . 189. .

Le Maire.

SECTION IV

Effets de la naissance sur la nationalité.

90. Individu né de parents français. — Tout individu né en France ou à l'étranger, d'un père français, est Français. L'enfant naturel reconnu par son père suit la nationalité du père; s'il est seulement reconnu par sa mère, il suit la nationalité de sa mère.

91. Individu né de parents inconnus. — Tout individu né en France de parents inconnus ou de parents dont la nationalité est inconnue, est Français. Les enfants trouvés sont français, s'ils ont été trouvés sur le territoire français.

92. Individu né en France de parents étrangers dont l'un y est lui-même né. — Tout individu né en France de parents étrangers, dont l'un y est lui-même né, est Français. Si c'est le père qui est né en France, l'enfant est *irrévocablement* Français ; si c'est la mère, il est encore Français, mais il peut, *dans l'année qui suit sa majorité*, revendiquer la nationalité étrangère de son père.

93. Premier exemple. — Fernand est né à Charleville le 1er mai 1875. Son père est lui-même né en France, mais est devenu étranger soit par l'annexion, soit par la naturalisation, soit par toute autre cause. Fernand n'a pas le droit de revendiquer la nationalité étrangère, car il est irrévocablement Français.

94. Deuxième exemple. — Fernand est né à Charleville le 1er mai 1875 ; son père est né en Belgique et suit cette nationalité ; sa mère née en France, et par conséquent Française, est devenue étrangère par suite de son mariage avec un Belge. Fernand est Français pendant sa minorité ; mais du 1er mai 1896 au 1er mai 1897, c'est-à-dire dans l'année qui suivra sa majorité, il aura le droit de répudier la nationalité française devant le juge de paix de son canton, en présence de deux témoins et en justifiant de son identité. Si le 1er mai 1897, il n'a pas répudié sa qualité de Français, il sera irrévocablement Français, et, en conséquence, devra supporter les charges et jouir des prérogatives attachées à cette qualité.

95. Troisième exemple. — Fernand est né à Charleville le 1er mai 1875. Son père est né à Strasbourg en 1850 ; il est devenu étranger par suite de l'annexion de l'Alsace et de la Lorraine à la Prusse. Fernand né en France, d'un père étranger, mais né en Alsace alors que ce pays appartenait à la France, est Français ; mais du 1er mai 1896 au 1er mai 1897, c'est-à-dire dans l'année qui suivra sa majorité, il aura le droit de revendiquer la nationalité allemande. S'il laisse passer le 1er mai 1897 sans répudier, il est irrévocablement Français.

Ces trois exemples s'appliquent également aux enfants naturels reconnus.

96. Individu né en France d'un étranger et qui, à l'époque de sa majorité, est domicilié en France. — L'individu qui est né en France d'un père et d'une mère étrangers est Français si, à l'époque qui suit sa majorité, il est domicilié en France ; mais il a le droit de répudier la qualité de Français dans l'année qui suit sa majorité.

97. Exemple. — Fernand est né à Charleville le 1er mai 1875. Son père et sa mère sont nés en Belgique et en conséquence sont étrangers. Fernand vient à l'âge de 18 ans s'établir en France ; il y est domicilié à l'époque de sa majorité. Jusqu'à cette date il a été étranger parce que sa nationalité est déterminée par celle de son père qui est Belge ; mais si, du 1er mai 1896 au 1er mai 1897, il ne répudie pas la nationalité française, il sera Français, parce qu'il est né en France.

98. Option. — Dans tous les cas qui viennent d'être examinés sous les numéros 90, 91, 92, 93, 94, 95, 96 et 97 la nationalité française est acquise *de plein droit* et sans qu'il soit nécessaire de faire aucune déclaration d'option. Nous examinons dans les numéros suivants les cas dans lesquels les individus peuvent opter pour la nationalité française.

99. Individu né en France d'un étranger et qui n'y est pas domicilié à l'époque de sa majorité. — Tout individu né en France d'un père et d'une mère étrangers et qui n'est pas domicilié en France à l'époque de sa majorité, peut, jusqu'à l'âge de 22 ans accomplis, faire sa soumission de fixer en France son domicile, et s'il l'y établit dans l'année à compter de l'acte de soumission, il peut réclamer la qualité de Français par une déclaration souscrite devant le juge de paix.

100. Exemple. — Fernand est né à Charleville le 1er mai 1875 ; son père et sa mère sont Belges. Fernand vient s'établir dans les Ardennes après le 1er mai 1896, époque de sa majorité. Il ne peut donc comme dans le cas du numéro 98 profiter de la nationalité de droit, bien qu'il soit né en France ; mais il aura le droit, jusqu'au 1er mai 1897, de faire à la mairie de sa résidence sa soumission de fixer son domicile en France. Supposons qu'il fasse sa soumission le 1er octobre 1896, et qu'il établisse réellement son domicile en France, il pourra se présenter devant le juge de paix de son canton et réclamer la qualité de Français.

101. Individu né en France d'un étranger. et qui est mineur. — L'individu né en France d'un étranger peut devenir Français pendant sa minorité, si son père fait une déclaration devant le juge de paix de sa résidence à l'effet de renoncer, pour son enfant mineur, au droit de décliner la nationalité française dans l'année de sa majorité. Bien que le consentement du mineur ne soit pas exigé, la qualité de Français lui est acquise définitivement par cette déclaration. Si le père est mort, la déclaration est valablement faite par la mère ou par le tuteur autorisé par le conseil de famille.

L'enfant mineur né en France d'un étranger peut encore devenir Français de droit, s'il prend part aux opérations du recrutement sans opposer sa qualité d'étranger.

102. Individu né en France ou à l'étranger de parents dont l'un d'eux a perdu la qualité de Français. — Tout individu né en France ou à l'étranger de parents dont l'un a perdu la qualité de Français peut réclamer la qualité de Français *à tout âge*, en faisant une déclaration devant le juge de paix, à moins que domicilié en France et appelé sous les drapeaux, lors de sa majorité, il n'ait revendiqué la qualité d'étranger.

103. Déclarations devant le juge de paix. — Les déclarations pour acquérir la qualité de Français sont reçues par le juge de paix du canton dans lequel réside le déclarant. Elles peuvent être faites, soit en personne, soit par fondé de procuration spéciale et authentique. Elles sont dressées en double exemplaire, sur papier timbré de soixante centimes. Le déclarant, assisté de deux témoins qui attestent son identité, doit produire son acte de naissance, et s'il est marié son acte de mariage et les actes de naissance de ses enfants.

Les deux exemplaires de la déclaration sont transmis avec les pièces à l'appui au procureur de la République qui les adresse immédiatement au ministre de la justice. La déclaration est inscrite à la Chancellerie. L'un des exemplaires est déposé aux archives, l'autre est renvoyé au déclarant avec la mention de l'enregistrement, par l'intermédiaire du juge de paix. C'est cette pièce qui lui sert de titre pour établir sa qualité de Français.

104. Déclaration repoussée. — L'inscription des déclarations sur le registre spécial de la Chancellerie peut être refusée si le déclarant ne se trouve pas dans les conditions requises par la loi, ou s'il est *indigne* par suite de condamnations antérieures graves qui lui enlèvent la jouissance de ses droits civils, civiques et politiques.

105. Casier judiciaire. — Dans le but d'établir si le déclarant n'est pas indigne une circulaire du ministre de la justice recommande de joindre au dossier de la déclaration un extrait du casier judiciaire.

Cette pièce dont les justiciables ont un besoin fréquent soit pour entrer dans une administration, soit encore pour s'engager dans les armées de terre ou de mer, doit être demandée au procureur de la République de l'arrondissement dans lequel on est né. Si la naissance a eu lieu dans le département de la Seine, il faut la demander au procureur de la République à Paris. Si la naissance a eu lieu à l'étranger, elle doit être demandée au *Casier Central*, au Ministère de la Justice.

106. Formule d'une demande de casier judiciaire. — Monsieur le Procureur de la République. J'ai l'honneur de vous prier de vouloir bien me faire adresser un extrait de mon casier judiciaire pour *(indiquer le motif de la demande)*. Je me nomme *(nom et prénoms)*; je suis né à . . . . . le . . . . . 18 . . ; mon père s'appelle *(nom et prénoms du père)*, et ma mère *(nom et prénoms de la mère)*.

Veuillez agréer, etc.

(Signature légalisée par le Maire.)

Il n'est pas nécessaire d'écrire cette demande sur papier timbré.

107. Cout du casier judiciaire. — Il y a lieu de joindre à la lettre par laquelle on demande son casier judiciaire la somme de 1 fr. 20, soit en timbres-poste, soit en mandat-poste. Pour recevoir l'extrait directement et éviter ainsi tout retard, il est nécessaire d'ajouter un timbre de 0 fr. 15.

Le coût de l'extrait du casier judiciaire demandé pour engagement ou service militaire est de un franc seulement.

Pour la revision des listes électorales, il est de 0 fr. 15 quand il n'y a pas de condamnation, et de 0 fr. 25 quand il y a une ou plusieurs condamnations.

108. Réhabilitation. — Quand un individu a été condamné, il existe dans la loi un moyen très pratique de faire disparaître cette condamnation du casier judiciaire : c'est la réhabilitation.

La réhabilitation fait disparaître la condamnation du casier judiciaire et fait cesser pour l'avenir toutes les incapacités qui en résultent.

109. Conditions de réhabilitation. — Pour qu'il puisse y avoir réhabilitation, le condamné doit satisfaire à deux conditions principales :

a) *Il faut que la peine d'emprisonnement ait été subie et que l'amende et les frais de justice aient été payés.* En conséquence un individu qui a bénéficié d'un sursis accordé en vertu de la *loi Bérenger* ne peut pas être réhabilité, parce qu'il n'a pas subi la peine ni payé l'amende.

Néanmoins lorsqu'un condamné justifie qu'il est hors d'état de payer *les frais de justice*, la réhabilitation peut être accordée. Cette justification se fait à l'aide d'un extrait du rôle des contributions directes délivré par le percepteur et du certificat d'indigence délivré par le maire ou le commissaire de police et approuvé par le juge de paix (1) (Voir nos 211 et 211 *bis*).

b) *Il faut avoir subi un certain temps d'épreuve.* Celui qui a été condamné à une peine afflictive et infamante, c'est-à-dire aux travaux forcés ou à la réclusion, ne peut être réhabilité que cinq ans après être sorti de prison.

Celui qui a été condamné à une peine correctionnelle peut former sa demande trois ans après l'expiration de sa peine. Si la peine consiste en une simple amende, le délai d'épreuve court du onzième jour qui suit la condamnation contradictoire.

Il faut en outre que le condamné à une peine afflictive et infamante ait résidé durant 5 ans dans le même arrondissement et pendant les deux dernières années dans la même commune. Pour les condamnés à une peine correctionnelle la durée de la résidence dans le même arrondissement est réduite à trois années, dont les deux dernières dans la même commune.

Les condamnés qui ont passé tout ou partie de ce temps sous les drapeaux, ceux que leur profession oblige à des déplacements inconciliables avec une résidence fixe, peuvent être affranchis de cette condition s'ils justifient, les premiers, d'attestations satisfaisantes de leurs chefs militaires, les seconds, de certificats de leurs patrons ou chefs d'administration constatant leur bonne conduite.

(1) Il existe à Charleville une société charitable, connue sous le nom d'*œuvre de patronage des libérés pour le département des Ardennes*, fondée sous les auspices de M. Herbette, Conseiller d'État et ancien Directeur de l'administration pénitentiaire, par Mesdemoiselles Durieux et Minot et par Messieurs Bouchez-Leheutre et Bourgueil, dont le but est de favoriser le relèvement moral des condamnés et notamment leur réhabilitation. Messieurs les Maires qui connaîtraient dans leur commune certains de leurs administrés ayant subi des condamnations et dignes d'être réhabilités, mais n'étant pas en mesure de l'être, parce qu'ils n'ont pas payé les frais de justice et l'amende prononcée, sont priés d'inviter ces personnes à adresser à Mademoiselle Durieux, secrétaire générale de l'œuvre, route Nationale, n° 61, à Charleville, une demande tendant à obtenir tout ou partie des fonds nécessaires.

Enfin, il est absolument nécessaire que pendant ces années d'épreuve, la conduite du condamné ait été irréprochable et exemplaire à tous points de vue, et qu'il ait manifesté un profond repentir de sa faute.

110. Pièces a fournir par celui qui demande la réhabilitation. — Le demandeur en réhabilitation doit adresser au procureur de la République de l'arrondissement dans lequel il est domicilié : 1° La quittance de l'amende et des frais, délivrée par le percepteur de la circonscription : si cette quittance avait été perdue ou égarée, il y aurait lieu d'en demander un duplicata au percepteur ou à la préfecture, si la condamnation est antérieure à 1875 ; 2° une supplique rédigée sur papier timbré de soixante centimes conformément à la formule suivante. Toutes les autres pièces nécessaires sont réunies, *sans frais*, par le procureur de la République. En réalité, il suffit de débourser soixante centimes pour obtenir sa réhabilitation !!!

111. Formule d'une demande en réhabilitation. — Monsieur le procureur de la République, J'ai l'honneur de vous informer que par jugement du tribunal correctionnel de . . . . . en date du. . . . . 18 . . j'ai été condamné à . . . . . d'emprisonnement, *ou à*. . . . . francs d'amende, pour. . . . . (*indiquer sommairement le motif de la condamnation*). J'ai subi ma peine à la maison d'arrêt de. . . . le. . . 18 . . *ou* j'ai payé l'amende et les frais de justice ainsi qu'il résulte du récépissé ci-joint. Depuis ma libération, j'ai toujours demeuré dans la commune de. . . . . *ou*, j'ai été trois ans soldat (*indiquer le régiment, la garnison, et si un certificat de bonne conduite a été délivré*). Par mon travail et ma conduite j'ai pu faire oublier ma faute et reconquérir l'estime de mes concitoyens. En conséquence je viens vous prier de vouloir bien me faire réhabiliter.

Veuillez agréer, etc.

(*Signature légalisée par le maire et celle du maire par le Préfet ou par le Sous-Préfet.*)

112. Instruction de la demande en réhabilitation. — C'est le procureur de la République de l'arrondissement dans lequel est domicilié le demandeur qui est chargé d'instruire la demande en réhabilitation. Dans ce but, il demande l'expédition du jugement, le casier judiciaire, l'acte de naissance et le certificat d'écrou, le tout, sans frais et sur papier libre. En outre, il provoque *confidentiellement* l'avis du préfet ou du sous-préfet, du juge de paix et du maire.

113. Formule de l'attestation du maire. — Le maire de la commune de . . . . . , vu l'article 624 du Code d'instruction criminelle, atteste que le sieur (*nom, prénoms, âge, profession et domicile du demandeur*) a résidé dans cette commune depuis le . . . . . 189 . . jusqu'au . . . . . 189 . ; que ses moyens d'existence sont de . . . (*indiquer exactement les moyens d'existence*) et que sa conduite a été exemplaire à tous points de vue. La présente attestation est délivrée pour servir à l'appréciation de la demande en réhabilitation formée par le dit sieur . . . . . (*nom du demandeur*).

Fait à . . . . . le . . . . . 189 .

(*Cachet de la mairie.*) Le Maire.

114. Réhabilitation accordée. — Le procureur de la République adresse au procureur général de la Cour d'appel, le dossier de l'affaire avec un rapport détaillé. Le procureur général saisit la chambre des mises en accusation qui décide si la réhabilitation sera ou non accordée.

Le demandeur est toujours appelé à fournir personnellement ses explications, mais sa présence au chef-lieu de la Cour d'appel n'est pas indispensable.

Si la réhabilitation est refusée, une nouvelle demande ne peut être formée que deux ans après.

Si la réhabilitation est accordée, un extrait de l'arrêt est délivré au réhabilité ; le bulletin de sa condamnation est retiré du casier judiciaire et un extrait *négatif* lui est délivré, *sans frais* et sur sa demande.

Tout individu qui par suite d'une condamnation aurait été rayé des listes électorales, doit y être réinscrit d'office sur la justification de l'arrêt de réhabilitation qui est faite au maire, ou sur le vu de l'extrait d'arrêt remis au réhabilité, à condition toutefois que cette justification soit produite avant le 31 mars.

115. Conseil aux maires. — La réhabilitation est une belle et noble institution. Les maires qui connaissent leurs administrés, qui savent quelle est leur conduite, et qui peuvent apprécier leur repentir, ont le devoir de rechercher ceux qui sont dignes d'être réhabilités et de leur conseiller de faire effacer de leur passé toutes les condamnations, même les plus légères.

Il ne faut pas oublier qu'une condamnation à 16 francs d'amende, pour délit de chasse, peut être un obstacle pour entrer comme employé dans certaines administrations.

SECTION V

Des étrangers.

116. Admission des étrangers à domicile. — Bien que les questions relatives aux étrangers soient en dehors du plan que nous avons adopté, nous pensons qu'il n'est pas inutile d'aborder dans ce manuel ces questions extrêmement délicates et d'un usage fréquent dans les Départements frontières.

L'étranger qui demande l'autorisation d'établir *son domicile* en France doit produire : 1° Une supplique adressée au ministre de la justice, contenant l'engagement de payer les droits de sceau qui s'élèvent à 175 fr. 25. Si l'étranger est dans une situation de fortune qui ne lui permet pas de payer ces droits, il doit joindre à sa demande, ses titres à une remise ou un certificat d'indigence délivré par le maire et un extrait du rôle des contributions délivré par le percepteur ; 2° l'acte de naissance (original et traduction, s'il y a lieu) ; à défaut d'acte de naissance, l'acte de mariage indiquant le lieu et la date de naissance, ou un acte de notoriété dressé par le juge de paix (voir n° 203) ; 3° si le postulant est marié et père d'enfants mineurs, son acte de mariage et les actes de naissance de ses enfants (original et traduction) ; 4° l'acte de naissance ou de mariage (original et traduction) du père du postulant ; 5° l'extrait du casier judiciaire (voir n°s 105, 106 et

107); 6° la justification des services militaires en France ou à l'étranger ; en cas d'impossibilité, établir par une déclaration les motifs de l'abstention ; 7° un certificat ou plusieurs, ou toutes autres pièces officielles ou ayant date certaine (baux, quittances de loyer, patentes, livret d'ouvrier, certificats de patrons ou de propriétaires, légalisés) ; 8° un certificat de bonnes vie et mœurs ; 9° un extrait du rôle des contributions directes.

Toutes ces pièces, sauf la cinquième et la dernière, doivent être produites sur papier timbré ou ayant été visé pour timbre en France. L'effet de l'admission à domicile cesse à l'expiration de 5 ans, si l'étranger ne demande pas sa naturalisation.

117. Naturalisation. — Tout étranger peut être naturalisé Français s'il présente une des conditions suivantes : 1° 3 ans après son admission à domicile ; 2° après 10 ans d'une *résidence* non interrompue et constatée par des certificats ou autres pièces ayant date certaine (baux, quittances, patentes, etc.) ; 3° après une année d'admission à domicile, pour services importants rendus à la France ; 4° après une année d'admission à domicile si l'étranger épouse une Française ; dans ce dernier cas, il y a lieu de produire sur timbre, l'acte de naissance de la femme et l'acte de naissance du père de celle-ci, pour établir qu'elle est réellement Française.

Les pièces à fournir sont exactement les mêmes que pour l'admission à domicile. Les droits de sceau s'élèvent également à 175 fr. 25 ; mais ils peuvent être considérablement réduits suivant la situation de fortune des demandeurs.

118. Réintégration. — Le Français qui a perdu sa qualité de Français peut la recouvrer en venant résider en France, et en obtenant sa réintégration par décret. La femme et les enfants majeurs de l'étranger qui demande à devenir Français, soit par la naturalisation, soit par la réintégration, doivent, s'ils veulent obtenir eux-mêmes la qualité de Français, joindre leur demande de naturalisation à celle faite par le mari, le père ou la mère.

Les pièces à produire pour obtenir la réintégration sont absolument les mêmes que pour l'admission à domicile, ou pour la naturalisation.

La réintégration dans la qualité de Français peut être sollicitée par les Alsaciens-Lorrains, munis des pièces ci-dessus, et d'un permis d'émigration ou d'un certificat de réforme dans l'armée allemande. Le permis d'émigration n'est pas exigible des Alsaciens-Lorrains nés avant le 1er janvier 1851.

119. Envoi des demandes. — Les demandes d'admission à domicile, de naturalisation et de réintégration doivent parvenir à la préfecture, par l'intermédiaire des sous-préfets ; les maires sont chargés de les transmettre, avec leur avis confidentiel, sur un imprimé spécial fourni par la préfecture.

120. Étrangers non admis à domicile et non naturalisés. — Les étrangers qui ne sont pas naturalisés et qui n'ont pas été admis à domicile sont l'objet d'une législation spéciale, qu'il est important de connaître. Il y a lieu d'établir deux catégories : 1° Les étrangers qui viennent en France pour exercer un métier, une profession, une industrie, ou un commerce ; 2° Les étrangers qui viennent résider en France, sans exercer aucun métier.

121. Étrangers exerçant une profession. — Dans le but d'exercer la protection du commerce et du travail national, la loi du 8 août 1893 exige que tout étranger, non admis à domicile, arrivant dans une commune pour y exercer une profession, un commerce, une industrie, fasse une déclaration de résidence à la mairie de cette commune.

Les expressions « profession, commerce, industrie » ont un sens très large et désignent les artistes, artisans, ouvriers industriels ou agricoles, professeurs, précepteurs, employés, domestiques, etc.

Mais les étrangers qui viennent en France sans l'intention d'exercer un métier ou d'y fixer leur résidence ne tombent pas sous l'application de cette loi. La femme mariée qui s'occupe des soins de son ménage ne peut être considérée comme exerçant un métier et n'est astreinte à aucune déclaration.

La loi ne fait aucune distinction de sexe, d'âge, ou de parenté ; donc les mineurs de l'un ou de l'autre sexe, exerçant une profession, sont tenus de faire la déclaration, soit par eux-mêmes, soit par leur tuteur.

122. Déclaration. — La déclaration doit être faite à la mairie dans les *huit jours de l'arrivée* de l'étranger dans la commune. Il doit justifier de son identité. Les déclarations sont *individuelles* et non collectives, ainsi une famille composée du père, de la mère et de quatre enfants, *exerçant ensemble ou séparément un métier*, sont tenus de faire six déclarations.

Les ouvriers étrangers, habitant dans leur pays et venant chaque jour en France pour travailler dans les usines de nos départements frontières, puis rentrant le soir chez eux, sont astreints à la déclaration prescrite par la loi, une fois pour toutes.

D'autres étrangers viennent sur le territoire français pendant une partie de l'année, soit pour exercer un commerce, soit pour exécuter certains travaux, puis retournent dans leur pays, pour revenir l'année suivante. Ces étrangers doivent, chaque fois qu'ils rentrent en France, faire une déclaration nouvelle, alors même qu'ils reviendraient dans une commune où ils auraient précédemment rempli cette formalité. La loi exige une déclaration pour chaque séjour *distinct*.

Les ouvriers nomades, bateliers, forains, etc., sont également astreints à cette déclaration ; ils doivent la faire dans la première commune où ils s'arrêtent après leur arrivée en France, quand bien même ils n'y séjourneraient pas huit jours.

123. Registre d'immatriculation. — Pour recevoir ces déclarations, il est tenu dans chaque mairie un registre d'immatriculation fourni par l'autorité préfectorale et un répertoire alphabétique et par nationalité, des déclarations faites.

Ces registres doivent être tenus avec la plus grande régularité. Il faut y indiquer non seulement les déclarations, mais encore les changements de domicile, les admissions à domicile, les naturalisations soit par décret, soit par tirage au sort; il faut aussi y mentionner les étrangers disparus, morts ou retournés dans leur pays.

124. Extrait du registre. — Un extrait du registre d'immatriculation est délivré à chaque déclarant dans la forme ordinaire des actes de l'état civil et moyennant les mêmes droits qui doivent être payés au moment même de la déclaration (Voir n° 40, § 1). La légalisation n'est pas indispensable; c'est donc deux francs dix centimes qui sont dus par extrait. Une déclaration avec refus de recevoir ou de payer l'extrait équivaut à une non-déclaration.

125. Changement de résidence. — En cas de changement de commune, les étrangers sont tenus de faire, dans *les deux jours* de leur arrivée, viser leur certificat à la mairie de leur nouvelle résidence. Les visas délivrés par les maires doivent être inscrits comme suit, au *verso* de l'extrait d'immatriculation présenté par l'étranger :

A satisfait à la loi du 8 août 1893, dans la commune de. . . . . département de . . . . . Le . . . . . 189 .

(*Cachet de la mairie.*) Le Maire.

Cette disposition est très importante, car elle permet de suivre le déplacement des étrangers.

126. Sanctions pénales. — L'étranger qui n'aura pas fait la déclaration prescrite dans le délai déterminé ou qui refusera de produire son certificat à la première réquisition, sera passible d'une amende de cinquante à deux cents francs. L'amende est encourue par celui qui refuse de retirer un extrait de registre constatant sa déclaration ou d'en payer le coût.

Celui qui ferait une déclaration fausse ou inexacte s'exposerait à une amende de cent à trois cents francs et à l'interdiction du territoire français.

Le fait de refuser ou d'omettre de faire viser son certificat d'immatriculation après changement de résidence ne constitue ni délit ni contravention. La jurisprudence a beaucoup varié sur ce point, mais la Cour de cassation par arrêt du 7 novembre 1895 a définitivement tranché la question.

Les maires sont invités à signaler aux procureurs de la République les étrangers qui ne se conformeraient pas à la loi.

127. Emploi d'un étranger non muni de certificat. — Tout patron ou toute personne qui emploie *sciemment*, même une seule fois par semaine, un étranger non muni du certificat d'immatriculation, est passible d'une peine d'amende en simple police.

128. États a adresser par les maires. — Les maires sont tenus d'envoyer, tous les mois, à la préfecture, par l'intermédiaire des sous-préfets, sur des imprimés qui sont mis à leur disposition : 1° le relevé nominatif, en double, par nationalité, des déclarations reçues ; 2° l'état des visas délivrés ; 3° la liste des étrangers naturalisés, admis à domicile, décédés, disparus ou retournés dans leur pays.

129. **Étrangers n'exerçant aucune profession en France**. — La loi du 2 octobre 1888 exige que tout étranger, non admis à domicile, et n'exerçant aucun métier, ni aucune profession, qui se propose d'établir sa résidence en France, fasse à la mairie de la commune où il veut fixer cette résidence, une déclaration énonçant ses nom et prénoms, ceux de ses père et mère, sa nationalité, le lieu et la date de sa naissance, le lieu de son dernier domicile, sa profession ou ses moyens d'existence, le nom, l'âge et la nationalité de sa femme et de ses enfants lorsqu'il est accompagné par eux.

Il doit produire toutes pièces justificatives à l'appui de sa déclaration : acte de naissance, acte de mariage, livret de famille, etc.

130. Récépissé. — Le maire délivre *gratuitement* un récépissé de cette déclaration.

181. Séjour momentané. — La loi du 2 octobre 1888 n'est pas applicable aux étrangers de passage en France ou y séjournant momentanément. Elle n'est pas applicable aux élèves mineurs placés dans les pensionnats, collèges ou lycées français.

182. Délai. — La déclaration doit être faite dans le délai de quinze jours à partir de l'arrivée de l'étranger dans la commune où il veut fixer sa résidence.

183. Changement de résidence. — En cas de changement de résidence, une nouvelle déclaration doit être faite devant le maire de la commune où l'étranger veut fixer sa nouvelle résidence.

184. Pénalité. — Les infractions à cette loi sont punies de peines de simple police. Les procès-verbaux sont dressés par les soins des maires, après avertissement préalable aux contrevenants. Un double des procès-verbaux doit être envoyé à la préfecture.

185. Etats. — Les maires sont tenus de fournir tous les mois à la préfecture un état des déclarations faites par les étrangers, des changements de résidence, des décès, départs et disparitions.

186. **Expulsion**. — Le ministre de l'intérieur pour toute la France et les préfets dans les départements frontières ont le droit de prendre des arrêtés d'expulsion contre les étrangers qui contreviennent aux lois ou qui sont des motifs de désordre dans le pays.

L'étranger expulsé qui rentre en France sans l'autorisation du gouvernement, est condamné à un emprisonnement de six mois à un an et reconduit à la frontière à l'expiration de sa peine.

Un étranger expulsé peut obtenir un *sauf-conduit* pour revenir en France, ou une décision annulant l'arrêté d'expulsion. Dans ce but, il doit adresser une supplique au ministre de l'intérieur.

CHAPITRE III

REGISTRES DES MARIAGES ET DES PUBLICATIONS.

SECTION I

Conditions générales exigées pour le mariage.

137. Mariage civil. — Le mariage est un contrat civil indépendant de toute cérémonie religieuse. Il est interdit à tout ministre d'un culte de procéder aux cérémonies religieuses d'un mariage, sans qu'il ait été justifié d'un acte de mariage préalablement reçu par un officier de l'état civil. La sanction de cette règle, qui s'applique même aux mariages *in extremis*, est une peine de seize à cent francs d'amende, pour la première fois ; d'un emprisonnement de deux à cinq ans, pour la première récidive ; et de la détention, pour la seconde récidive.

En conséquence, immédiatement après la célébration du mariage, l'officier de l'état civil doit délivrer aux époux un certificat sur papier timbré de soixante centimes (sauf quand l'indigence est régulièrement constatée) constatant que le mariage civil a été célébré à la mairie. Certains auteurs prétendent que ce certificat doit être sur papier libre. C'est une erreur absolue. Le décret du 9 décembre 1810, et une circulaire de l'administration de l'enregistrement sont formels à cet égard. La Chancellerie recommande même aux magistrats du parquet de veiller à ce que les officiers de l'état civil se conforment avec la plus grande exactitude à cette disposition.

Ce certificat est remis au ministre du culte par le soin des parties.

138. Formule du certificat délivré pour la cérémonie religieuse.— Nous . . . . ., maire et officier de l'état civil de la commune de. . . . ., arrondissement de . . . ., département de . . ., certifions que le sieur (*nom, prénoms, âge, profession et domicile de l'époux*) et la dame (*nom, prénoms, âge, profession et domicile de l'épouse*), ont contracté mariage par devant nous, le. . . . . 189. . En foi de quoi nous leur avons délivré le présent certificat.

Fait à. . . . . le. . . . . 189 .

(*Cachet de la mairie.*) Le Maire.

139. Consentement des futurs époux. — La première condition essentielle pour la validité du mariage est le consentement libre, éclairé, sans contrainte, ni violence des futurs époux. En conséquence, l'officier de l'état civil doit refuser de marier un individu en état de démence, et même d'ivresse si les facultés intellectuelles ont disparu. Au contraire, les individus pourvus d'un conseil judiciaire, ou interdits légalement, ou privés de leurs droits civils, civiques et politiques peuvent se marier, si leur consentement est libre. De même, le sourd-muet qui peut exprimer son consentement d'une façon non équivoque a le droit de contracter mariage.

140. Age. — L'homme, avant dix-huit ans révolus, la femme, avant quinze ans révolus, ne peuvent se marier. Néanmoins pour des motifs graves, par exemple la grossesse de la jeune fille, le président de la République peut accorder des dispenses d'âge.

La nullité résultant d'une union contractée avant l'âge prescrit disparaît lorsqu'il s'est écoulé six mois depuis que la jeune épouse a atteint l'âge exigé par la loi, ou lorsque la femme qui n'avait pas quinze ans a conçu avant l'échéance des six mois.

141. Bigamie. — On ne peut contracter un nouveau mariage avant la dissolution du premier, soit par la mort, soit par le divorce. A l'égard de la femme, cet empêchement subsiste dix mois après la dissolution du premier mariage.

Le mariage contracté avant la dissolution du premier constitue le crime de bigamie puni de cinq à vingt ans de travaux forcés. L'officier de l'état civil qui prêterait son ministère à ce mariage, connaissant l'existence du précédent, serait puni de la même peine.

S'il célébrait un mariage, avant l'expiration des dix mois de viduité de la femme, il s'exposerait à une amende de seize à trois cents francs.

142. Parenté ou alliance. — En ligne directe, le mariage est prohibé d'une manière absolue, entre tous les ascendants et descendants légitimes ou naturels et les alliés dans la même ligne. En ligne collatérale, le mariage est prohibé entre les frères et les sœurs légitimes ou naturels, entre les beaux-frères et belles-sœurs, entre l'oncle et la nièce, la tante et le neveu, le grand-oncle et la petite-nièce.

La prohibition est *absolue* entre les ascendants et descendants et les alliés en ligne directe, ainsi qu'entre les frères et sœurs. Mais en ce qui concerne les beaux-frères et les belles-sœurs, les oncles et les nièces, les tantes et les neveux, la prohibition est *relative*, c'est-à-dire qu'elle peut être levée par une dispense du président de la République.

Pour que la parenté naturelle forme un empêchement au mariage, elle doit être établie par un acte de reconnaissance ; mais, si cette parenté était seulement de notoriété publique, l'officier de l'état civil agirait sagement en prenant les instructions du procureur de la République avant de procéder au mariage.

143. Dispenses. — Le président de la République a le pouvoir, pour des causes graves, de lever les prohibitions qui résultent de l'âge (dispenses d'âge), de la parenté entre oncles et nièces, tantes et neveux (dispenses de parenté), et de l'alliance entre beaux-frères et belles-sœurs (dispenses d'alliance). Les demandes de dispenses doivent être adressées au procureur de la

République de l'arrondissement dans lequel doit se célébrer le mariage, avec les pièces prescrites par la loi.

144. Pièces nécessaires pour obtenir des dispenses. — Pour toutes dispenses, il faut fournir : 1° une supplique signée par les futurs ; 2° l'acte de naissance du futur ; 3° l'acte de naissance de la future. En outre, les pièces spéciales pour chaque catégorie de dispenses, sont : 1° un certificat de médecin ou de sage-femme si la future est enceinte, pour les dispenses d'âge ; 2° l'acte de mariage des auteurs communs, et l'acte de mariage des parents du neveu ou de la nièce, pour les dispenses de parenté ; 3° l'acte du mariage qui a produit l'alliance et l'acte de décès du conjoint décédé, po r les dispenses d'alliance. En outre, quand les futurs sont indigents, il y a lieu de joindre aux pièces, pour chacun des futurs, un extrait du rôle des contributions et un certificat d'indigence.

145. Consentement des parents. — Pour les trois genres de dispenses, il est nécessaire que les parents des futurs consignent, sur la demande même, leur consentement au mariage projeté. En aucun cas, ce consentement nécessaire pour la concession des dispenses ne peut remplacer le consentement spécial que nous examinons au n° 150.

146. Papier timbré et droits de sceau. — Toutes les pièces produites doivent être sur papier timbré, sauf en cas d'indigence ; les signatures des futurs sont légalisées par le maire et celle du maire par le préfet ou le sous-préfet ; mais, la signature du maire, dans les expéditions des actes de l'état civil, est légalisée par le juge de paix ou par le président du tribunal.

Les droits de sceau à payer à la Chancellerie s'élèvent à 180 fr. 25 pour les dispenses d'âge, et, à 306 fr. 25 pour les dispenses de parenté et d'alliance. Ceux qui justifient de leur indigence, par des certificats réguliers, obtiennent la remise intégrale de ces droits. Les personnes qui, sans être indigentes, sont cependant dans une modeste situation de fortune, peuvent obtenir une remise partielle qui est calculée par vingtièmes.

147. Concession des dispenses. — Les dispenses sont accordées par décret du président de la République, dont l'ampliation est envoyée au procureur de la République. Ce magistrat avertit le maire et les parties qui doivent se présenter au greffe du tribunal, et retirer une expédition des dispenses avec la mention de l'enregistrement au greffe, moyennant le prix de 0 fr. 30 par rôle. Cette expédition est remise par les parties au maire qui doit célébrer le mariage, visée dans l'acte, et annexée aux pièces produites.

148. Modèle d'une supplique à l'effet d'obtenir des dispenses.

A. . . . . le. . . . . 189 .

Monsieur le procureur de la République,

Les soussignés ont l'honneur de vous exposer que l'alliance qui existe entre eux, résulte de l'union célébrée le . . . . . dans la commune de. . . . . entre le suppliant et la nommée L. M. sœur de la suppliante. Ce mariage a été dissous par le décès de L. M. survenu le. . . . . dans la commune de . . . . ., ainsi que le constate l'acte ci-joint.

La première femme du suppliant est morte après une longue maladie pendant laquelle elle a reçu les soins dévoués et affectueux de sa sœur qui désire servir de mère à ses jeunes neveux, Gaston et Fernand, âgés de. . . . .

Les soussignés ne possèdent aucune fortune personnelle ; ils n'ont pour vivre que le produit de leur travail ; ils fournissent, du reste, des certificats d'indigence.

En conséquence, ils vous supplient, Monsieur le procureur de la République, de vouloir bien leur faire obtenir des dispenses d'alliance et leur faire accorder remise totale des droits de sceau et de référendaire.

Ils ont l'honneur d'être, Monsieur le procureur de la République, vos très respectueux serviteurs.

(Suivent ensuite les signatures légalisées par le maire et celle du maire par le préfet ou par le sous-préfet.)

Au bas de la pièce, les parents qui sont appelés à consentir au mariage des futurs donnent leur consentement par la formule suivante :

Les soussignés (*noms, prénoms, professions et domiciles des parents du futur et de la future*), pères et mères du futur et de la future, déclarent donner leur consentement au mariage projeté entre leurs enfants.

A. . . . . le. . . . . 189 .

(*Suivent les signatures légalisées par le maire et celle du maire par le préfet ou par le sous-préfet.*)

149. Majorité quant au mariage. — La majorité ordinaire est fixée à vingt et un ans révolus ; mais, relativement au mariage, l'homme n'atteint sa majorité qu'à vingt-cinq ans révolus, c'est-à-dire que jusqu'à cet âge il ne peut se marier sans le consentement de ses parents. La majorité de la femme reste fixée, dans tous les cas, à vingt et un ans accomplis.

Si tous les ascendants sont morts, l'homme comme la femme atteint sa majorité absolue à 21 ans ; c'est-à-dire qu'après cet âge il peut se marier sans demander le consentement de personne, comme nous le verrons plus loin.

150. Consentement des parents. — Le mariage étant l'acte le plus important de la vie, le législateur n'a pas voulu qu'il pût être contracté sans le consentement ou sans le conseil des père et mère, ou, à leur défaut, des autres ascendants.

La loi a distingué deux périodes dans l'existence : la première, pendant laquelle le mariage est absolument impossible sans le consentement des parents et qui dure jusqu'à 25 ans pour les hommes et à 21 ans pour les filles ; la seconde, pendant laquelle les futurs sont encore obligés de demander le conseil de leurs père et mère ou ascendants, sans que le refus de consentement soit une cause d'empêchement au mariage.

LOI DU 20 JUIN 1896.

ARTICLE PREMIER. — L'article 73 du code civil est ainsi modifié : « Article 73. — L'acte authentique du consentement des père et mère ou aïeuls et aïeules, ou, à leur défaut, celui de la famille, contiendra les prénoms, noms, professions et domiciles du futur époux et de tous ceux qui ont concouru à l'acte, ainsi que leur degré de parenté.

« Hors le cas prévu par l'article 160, cet acte de consentement pourra être donné, soit devant un notaire, soit devant l'officier

La question de consentement est très importante dans le mariage. En effet, le défaut de consentement peut faire annuler l'union contractée. En outre, l'officier de l'état civil qui ne s'assure pas que le consentement a été valablement donné, quand il est nécessaire, peut être condamné à un emprisonnement de six mois à un an, et à une amende de seize à trois cents francs. Le fait d'omettre le consentement des ascendants dans un acte de mariage, encore bien qu'il ait été régulièrement donné, est puni d'une amende qui ne peut excéder trois cents francs, et d'un emprisonnement dont la durée ne peut être moindre de six mois.

Le consentement des parents soulève des questions fort délicates et souvent très difficiles à résoudre ; aussi un grand développement a été donné à cette section. Nous l'avons divisée en trois parties : *a*) Comment doit être manifesté le consentement des parents ? ; *b*) cas dans lesquels le consentement doit être manifesté ; *c*) acte respectueux dans le cas où le consentement ne serait pas donné.

151. *a*) **Comment doit être manifesté le consentement des parents ?** — Le consentement des parents peut être manifesté de quatre façons différentes : 1° Dans l'acte de mariage ; 2° par acte authentique par devant notaire ; 3° par acte authentique par devant l'officier de l'état civil de la commune dans laquelle est domicilié l'ascendant qui donne son consentement ; 4° par acte spécial devant nos agents diplomatiques ou consulaires à l'étranger.

---

de l'état civil du domicile de l'ascendant, et, à l'étranger, devant les agents diplomatiques ou consulaires français. »

ART. 2. — L'article 151 du code civil est ainsi modifié :

« Article 151. — Les enfants de famille ayant atteint la majorité fixée par l'article 148 sont tenus, avant de contracter mariage, de demander, par acte respectueux et formel, le conseil de leur père et de leur mère, ou celui de leurs aïeuls et aïeules lorsque leurs père et mère sont décédés ou dans l'impossibilité de manifester leur volonté.

« Il pourra être, à défaut de consentement sur l'acte respec-

152. 1° Consentement dans l'acte de mariage. — Lorsque le père et la mère, ou les ascendants, dont le consentement est utile, assistent à la célébration du mariage, il n'est pas nécessaire que ce consentement soit constaté par acte particulier ; ils le donnent de vive voix, sur l'interpellation de l'officier de l'état civil, qui le consigne dans l'acte (Voir formule 218).

153. 2° Consentement par devant notaire. — Quand les parents ne peuvent assister au mariage de leurs enfants, par suite de maladie, ou d'éloignement, ou de toute autre cause, ils peuvent donner leur consentement par devant notaire.

Le notaire reçoit le consentement par acte *en brevet* et en présence de deux témoins mâles et majeurs. Cet acte doit contenir les prénoms, noms, professions et domiciles du futur époux et de tous ceux qui concourent à l'acte, ainsi que leur degré de parenté. Il doit, de plus, être spécial pour un mariage déterminé *et avec une personne expressément désignée dans l'acte* ; cette prescription n'est pas écrite dans la loi, mais elle est dans son esprit. L'autorisation de se marier donnée, en termes généraux, par des parents à un enfant n'aurait aucune valeur et ne pourrait pas être admise par l'officier de l'état civil.

Cet acte est soumis à l'enregistrement. Le droit à payer est de trois francs soixante-quinze centimes.

154. 3° Consentement par devant le maire. — La loi du 20 juin 1896, dont nous donnons ci-dessous le texte, n'a pas touché aux principes fondamentaux du code civil, en matière de ma-

---

tueux, passé outre, un mois après, à la célébration du mariage. »

Article 3. — L'article 152 du code civil est ainsi remplacé :

« Article 152. — S'il y a dissentiment entre des parents divorcés ou séparés de corps, le consentement de celui des deux époux au profit duquel le divorce ou la séparation aura été prononcé et qui aura obtenu la garde de l'enfant, suffira. »

Article 4. — L'article 153 du code civil est ainsi remplacé :

« Article 153. — Sera assimilé à l'ascendant dans l'impossibi-

riage, mais elle a simplifié plusieurs dispositions que nous avons examinées dans ce chapitre, et diminué, pour ceux qui ne peuvent les supporter, les frais occasionnés par certaines formalités.

Elle a donné notamment mission aux maires de recevoir, comme les notaires, le consentement des ascendants au mariage de leurs enfants, par acte spécial. Cette innovation heureuse s'imposait, car l'officier de l'état civil, qui peut valablement recevoir le consentement dans l'acte de mariage, doit pouvoir le recevoir en dehors de la célébration du mariage.

Le maire compétent pour recevoir ce consentement est celui *du domicile de l'ascendant* qui donne son consentement. Ce mot *domicile* doit être interprété dans son sens le plus large ; ainsi ce consentement pourrait être valablement reçu soit par l'officier de l'état civil du lieu où l'ascendant a son domicile, soit par celui du lieu où l'ascendant justifie d'une *résidence* continue de six mois au moins. Si l'ascendant est empêché par la maladie ou par des infirmités de se transporter à la maison commune, l'officier de l'état civil peut se rendre auprès de lui pour recevoir sa volonté, pourvu que cet ascendant se trouve dans les limites du territoire de la commune.

La loi du 20 juin 1896 n'a pas indiqué dans quelle forme les maires doivent recevoir ce consentement ; mais il est de toute évidence qu'ils doivent employer les mêmes formalités que les notaires, c'est-à-dire : dresser un acte spécial *en brevet*, sur timbre de soixante centimes (sauf pour les indigents), en présence de deux témoins mâles et majeurs. En outre, l'acte doit contenir

---

lité de manifester sa volonté l'ascendant subissant la peine de la relégation ou maintenu aux colonies en conformité de l'article 6 de la loi du 30 mai 1854 sur l'exécution de la peine des travaux forcés. Toutefois, les futurs époux auront toujours le droit de solliciter et de produire à l'officier de l'état civil le consentement donné par cet ascendant. »

ARTICLE 5. — Les dispositions suivantes sont ajoutées à l'article 155 du code civil :

« Il n'est pas nécessaire de produire les actes de décès des père et mère des futurs mariés lorsque les aïeuls ou aïeules pour la

les noms, prénoms, professions et domiciles du futur époux et de tous ceux qui concourent à l'acte ainsi que leur degré de parenté. Il faut aussi qu'il soit spécial pour un mariage avec une personne déterminée, car un père ne peut donner à son fils un consentement en blanc ; ce serait l'abdication de la puissance paternelle !!

Il importe que les noms, prénoms, âges, professions et domiciles des déclarants et des futurs époux soient toujours orthographiés correctement et énoncés d'une façon assez exacte pour qu'aucun doute ne puisse subsister sur leur identité, et qu'il ne s'élève pas de difficultés au moment de la célébration du mariage.

L'acte de consentement reçu par le maire est absolument gratuit, c'est-à-dire exempt de tous droits, frais et honoraires.

Mais doit-il être enregistré comme l'acte de consentement reçu par un notaire? Dans notre première édition parue avant la circulaire de M. le Garde des Sceaux, en date du 23 juillet 1896, nous avions soutenu que l'enregistrement n'était pas nécessaire. Nous pensions alors que cet acte d'une nature toute spéciale, reçu par un maire en sa qualité d'officier de l'état civil, devait jouir de l'immunité des actes de l'état civil, aucun texte de loi n'imposant l'enregistrement. Mais la circulaire précitée contient une disposition formelle :

« Le consentement reçu par l'officier de l'état civil est soumis « seulement aux droits *de timbre et d'enregistrement* ; dans le cas « prévu par la loi du 10 décembre 1851, il est visé pour timbre « et enregistré gratis. » Il est donc constant qu'il faut faire en-

---

branche à laquelle ils appartiennent attestent ce décès ; et, dans ce cas, il doit être fait mention de leur attestation dans l'acte de mariage.

« Si les ascendants dont le consentement ou conseil est requis sont décédés et si l'on est dans l'impossibilité de produire l'acte de décès ou la preuve de leur absence, faute de connaître leur dernier domicile, il sera procédé à la célébration du mariage des majeurs sur la déclaration à serment que le lieu du décès et celui du dernier domicile de leurs ascendants leur sont inconnus.

« Cette déclaration doit être certifiée aussi par serment des

registrer le consentement au droit de trois francs soixante-quinze centimes. Aucun délai n'est imparti pour l'enregistrement, mais la formalité doit être remplie avant qu'il ne soit fait usage du consentement pour le mariage.

C'est aux parties intéressées d'accomplir les démarches nécessaires pour obtenir l'enregistrement. Toutefois la nécessité de se transporter au chef-lieu de canton pour les parties n'y résidant pas devant entraîner une perte de temps et des dépenses coûteuses, la circulaire précitée recommande à Messieurs les Maires de rendre service à leurs administrés en se chargeant eux-mêmes de faire procéder à la formalité de l'enregistrement, *moyennant le versement préalable du montant des droits à la caisse municipale*.

Pour éviter les fraudes toujours possibles et les suppositions de personnes fort à redouter, l'officier de l'état civil agira prudemment, quand il ne connaîtra pas l'ascendant et les témoins, en exigeant des uns comme des autres, pour mettre sa responsabilité à couvert, la production de pièces d'identité, telles que livrets militaires ou de famille, cartes d'électeur, quittances, patentes, etc.

154 *bis*. Formule d'un acte de consentement reçu par un maire. — L'an mil huit cent quatre-vingt. . . . . et le . . . . . à . . heures du . . . . . devant nous (*nom et prénoms de l'officier de l'état civil*), maire ou adjoint de la commune de . . . . ., département de. . . . ., étant en la maison commune (*ou, si le maire a été obligé de*

---

quatre témoins de l'acte de mariage, lesquels affirment que, quoiqu'ils connaissent les futurs époux, ils ignorent le lieu du décès de leurs ascendants et de leur dernier domicile. Les officiers de l'état civil doivent faire mention, dans l'acte de mariage, des dites déclarations.

Article 6. — L'article 4 de la loi du 14 décembre 1850 est ainsi modifié :

« Article 4. — Les extraits des registres de l'état civil, les actes de notoriété, respectueux, de consentement, de publications, de délibérations de conseil de famille, les certificats de libération de service militaire, les dispenses pour cause de parenté, d'alliance

se transporter dans la maison des ascendants) : étant en la demeure du sieur. . . . . ci-après désigné, où nous nous sommes transporté sur sa demande, ont comparu (*noms, prénoms, professions, âges, domiciles et degré de parenté du père et de la mère, ou des ascendants qui donnent leur consentement*), lesquels ont déclaré consentir au mariage que (*nom, prénoms, âge, profession, domicile, lieu et date de naissance, degré de parenté du futur dont on autorise le mariage*) se propose de contracter avec (*nom, prénoms, âge, profession et domicile de la future*). Le présent consentement a été donné en présence de (*noms, prénoms, âges, professions et domiciles des deux témoins*) qui ont attesté à l'officier de l'état civil soussigné les noms, états et capacité civile des déclarants qu'ils ont affirmé connaître parfaitement. Et après lecture faite, les comparants et les deux témoins ont signé avec nous le présent acte.

(*Cachet, enregistrement et signatures. La signature du maire doit être légalisée par le juge de paix ou par le président du tribunal.*)

155. Registre des actes de consentement. — La circulaire du 23 juillet 1896 prescrit de tenir, dans chaque mairie, un registre sur lequel les actes de consentement seront mentionnés sommairement avec un numéro d'ordre pour permettre un contrôle utile. Ce registre d'ordre purement administratif peut être dressé sur papier libre de la manière suivante :

Numéros d'ordre	Dates des actes de consentement	Noms, prénoms, professions, domiciles et degrés de parenté des		Nom, prénoms et domicile du futur avec lequel le mariage doit être contracté	Observations — 1° Témoins 2° Enregistrement
		ascendants qui donnent leur consentement	enfants dont le mariage est autorisé		

ou d'âge, les actes de reconnaissance des enfants naturels, les actes de procédure, les jugements et arrêts dont la production sera nécessaire dans les cas prévus par l'article 1er, seront visés pour timbre et enregistrés gratis, lorsqu'il y aura lieu à enregistrement.

« Il ne sera perçu aucun droit de greffe ni aucun droit de sceau

155 *bis*. 4° CONSENTEMENT REÇU PAR LES AGENTS DIPLOMATIQUES. — Ce consentement doit être reçu dans les mêmes termes et avec les mêmes formes que l'acte reçu par l'officier de l'état civil.

Le consentement donné devant un officier de l'état civil étranger, par exemple en Belgique, pourrait-il être admis en France ? Cette question offre un grand intérêt, car il n'y a pas des agents diplomatiques ou des consuls français dans toutes les villes. En ce qui nous concerne nous n'y voyons aucun inconvénient, à condition toutefois que l'acte soit reçu conformément à la législation française, c'est-à-dire en présence de deux témoins, qu'il contienne toutes les indications voulues par la loi, et soit légalisé régulièrement. En tous cas, cet acte devrait être timbré et enregistré en France, avant le mariage.

156. *b*) **Cas dans lesquels le consentement doit être manifesté.** — Nous examinerons sous les numéros suivants 6 cas différents : 1° Le père et la mère du futur sont encore vivants ; 2° le père et la mère du futur sont encore vivants, mais l'un d'eux ou tous deux sont privés du droit de donner leur consentement ; 3° le père *ou* la mère du futur est décédé ou dans l'impossibilité de donner son consentement ; 4° le père et la mère du futur sont décédés ou dans l'impossibilité de donner leur consentement mais il existe encore des aïeux paternels ou maternels ; 5° tous les ascendants du futur sont décédés ou dans l'impossibilité de manifester leur consentement ; 6° le futur est un enfant naturel.

157. 1° LE PÈRE ET LA MÈRE DU FUTUR SONT ENCORE VIVANTS. — Aux termes de l'article 148 du code civil, le fils qui n'a pas

---

au profit du Trésor sur les minutes et originaux, ainsi que sur les copies ou expéditions qui en seraient passibles.

« L'obligation du visa pour timbre n'est pas applicable aux publications civiles ni aux certificats constatant la célébration civile du mariage.

« Les actes respectueux comme les actes de consentement se-

atteint l'âge de vingt-cinq ans accomplis, la fille qui n'a pas atteint l'âge de vingt-un ans accomplis, ne peuvent contracter mariage, sans le consentement de leurs père et mère.

En cas de dissentiment entre le père et la mère, le consentement du père suffit ; mais l'officier de l'état civil doit exiger la preuve de ce dissentiment, c'est-à-dire que la mère a été préalablement consultée. Cette preuve se fait par une sommation notifiée par un notaire dans la forme *d'un acte respectueux*. Cet acte doit être énoncé dans l'acte de mariage et annexé aux pièces produites.

Parents divorcés ou séparés de corps. L'article 3 de la loi du 20 juin 1896 a édicté une disposition nouvelle qui fait exception à la règle de l'article 148 du code civil. Il y a lieu de remarquer que cette nouvelle règle n'a d'utilité que pour ce qui concerne le mariage des mineurs ; s'il s'agit de majeurs, en cas de résistance soit du père, soit de la mère, il est toujours possible de passer outre à la suite d'un acte respectueux.

En cas de dissentiment entre parents divorcés ou séparés de corps, il suffira de rapporter le consentement de celui des deux époux au profit duquel le divorce ou la séparation a été prononcé, s'il a obtenu la garde de l'enfant.

Cette nouvelle règle a besoin d'être complétée par l'examen de divers cas : Si les parents divorcés ou séparés de corps consentent tous deux au mariage, il y a lieu de suivre le droit commun et d'exiger et de recevoir leur consentement dans la forme ordinaire ; si le divorce ou la séparation a été prononcé *aux torts réciproques* des deux époux, c'est encore la règle du droit commun qu'il faut suivre, c'est-à-dire que le consentement du père

---

ront exempts de tous droits, frais et honoraires, à l'égard des officiers ministériels qui les recevront ; il en sera de même pour les actes de consentement reçus, à l'étranger, par les agents diplomatiques ou consulaires français. »

ARTICLE 7. — L'article 179 du code civil est ainsi complété :

« Les jugements et arrêts par défaut rejetant les oppositions à mariage ne sont pas susceptibles d'opposition. »

ARTICLE 8. — Les dispositions de la présente loi sont applicables à l'Algérie, ainsi qu'aux colonies de la Guadeloupe, de la Martinique et de la Réunion.

l'emportera, en cas de dissentiment ; enfin, si le divorce a été prononcé aux torts du père et au profit de la mère, l'officier de l'état civil ne se pr occupera que du consentement de cette dernière, si elle a obtenu la garde de l'enfant.

Mais, dans ce dernier cas, nous croyons être d'accord avec l'esprit de la loi, en soutenant que la preuve du dissentiment devra être rapportée, comme nous l'avons dit plus haut, par un acte qui prouvera que le père a été mis en demeure de donner son consentement. Les huissiers n'ayant aucune qualité pour inviter un ascendant à s'expliquer sur le mariage projeté par un de ses descendants, c'est donc à un notaire qu'il importe de s'adresser pour faire la sommation respectueuse.

En conséquence l'officier de l'état civil a le devoir d'exiger avant le mariage : La preuve du dissentiment, et surtout, l'expédition ou l'extrait du jugement ou de l'arrêt qui a prononcé le divorce ou la séparation de corps. Cette dernière pièce est indispensable pour établir celui des deux époux dont le consentement doit prévaloir. Elle devra rester annexée, ainsi que la preuve du dissentiment, à l'acte de mariage. Cependant, lorsqu'il s'agira d'une *grosse*, comme il est facile de prévoir que la mère ne voudra pas se dessaisir d'un document qui constituera son titre, l'officier de l'état civil pourra se contenter de la signification qui lui en aura été faite par huissier, et c'est la *copie* dûment certifiée par l'huissier qui restera annexée au registre.

La difficulté suivante a été signalée : La loi dit bien « qu'en cas de dissentiment, le consentement de la mère suffira » ; mais elle ne dit pas si ce consentement sera indispensable, alors même

---

CIRCULAIRE DU 23 JUILLET 1896 INTERPRÉTATIVE DE LA LOI DU 20 JUIN 1896 SUR LES FORMALITÉS DU MARIAGE.

Monsieur le Procureur général,

Le nombre des mariages subit, en France, d'année en année, une diminution qui est de nature à faire naître les plus graves préoccupations. La loi du 20 juin 1896 a pour objet de remédier à cette fâcheuse situation qui a été attribuée, en partie, à la complication des formalités dont le code civil entoure le mariage : d'une part, elle simplifie les règles relatives au consentement ou au conseil à solliciter des ascendants ; d'autre part, elle complète la loi du 10 décembre 1850, en vue d'assurer aux indigents de plus grandes facilités.

que le père aurait donné le sien ; en un mot, si la législation nouvelle prive l'enfant confié après le divorce à la garde de sa mère du droit de se marier, conformément au droit commun, avec le seul consentement de son père. M. le Garde des Sceaux a été consulté sur cette délicate question : Il résulte de sa décision que le législateur s'est uniquement proposé de donner la prépondérance à l'avis de la mère dans le cas où le père refuserait son consentement. Une loi faite dans le but spécial de rendre le mariage plus facile n'a pu avoir pour conséquence d'y créer au contraire un obstacle. Ainsi, dans tous les cas où le père consent au mariage projeté, ce consentement suffit suivant la règle du droit commun.

Une autre difficulté nous a été signalée : Un jeune homme âgé de 23 ans désirait se marier ; son père et sa mère étaient séparés de corps. La séparation avait été prononcée au profit de la mère, mais la garde de l'enfant avait été confiée au père. Notre décision a été que le père et la mère devaient consentir au mariage suivant le droit commun et que le consentement seul de la mère ne pouvait suffire.

158. 2° Le père et la mère du futur sont vivants mais l'un d'eux ou tous deux sont privés du droit de donner leur consentement, ou dans l'impossibilité de le donner. — Si le père est privé du droit de donner son consentement ou dans l'impossibilité de le donner, le consentement de la mère suffit. Si le père et la mère sont privés du droit de donner leur consentement ou dans l'impossibilité de le donner, le consentement est donné par les aïeuls et aïeules s'ils existent encore, conformément à la règle

---

Une première amélioration consiste dans la faculté qui est donnée aux pères, mères ou aïeuls et aïeules de recourir non plus seulement à un notaire, dont la résidence peut être éloignée, mais aussi à l'officier de l'état civil de leur domicile, pour faire dresser acte de leur consentement au mariage de leurs enfants ou descendants. Ils peuvent ainsi éviter des déplacements qui sont toujours une cause de retard.

Dans cette matière, les officiers de l'état civil sont assimilés par la loi aux notaires. Il convient, par suite, que les actes qu'ils seront appelés à recevoir soient passés dans les mêmes conditions de forme que ceux de

portée sous le numéro **160** ; si les aïeuls et aïeules sont morts ou dans l'impossibilité de manifester leur volonté, on se conformera à la règle du numéro **161**.

Nous examinerons sous le numéro suivant le cas où les parents sont dans l'impossibilité de manifester leur volonté. Examinons maintenant quels sont les parents qui sont déchus du droit de donner leur consentement :

Ce sont les parents contre lesquels le tribunal a prononcé l'*interdiction* pour cause d'imbécillité, de démence ou de fureur ; ceux qui ont été déchus des droits de la puissance paternelle à la suite d'une condamnation criminelle ou correctionnelle ou même à la requête de la famille ou du ministère public ; enfin, ceux qui sont frappés de l'interdiction légale par suite d'une condamnation à une peine afflictive et infamante, c'est-à-dire aux travaux forcés ou à la réclusion. La peine d'emprisonnement n'est pas une cause de déchéance.

Mais comment se prouvera la déchéance ? Dans ces divers cas, l'officier de l'état civil devra exiger : L'expédition ou l'extrait du jugement qui a prononcé l'interdiction, pour l'interdit judiciaire ; l'expédition ou l'extrait du jugement ou de l'arrêt de la condamnation prononçant les travaux forcés, la réclusion ou la déchéance de la puissance paternelle.

Ces pièces devront être visées dans l'acte de mariage et annexées. Mais nous engageons les officiers de l'état civil à ne jamais mentionner la peine prononcée (Voir formule n° 223).

159. 3° LE PÈRE OU LA MÈRE DU FUTUR EST DÉCÉDÉ OU DANS L'IMPOSSIBILITÉ DE DONNER SON CONSENTEMENT. — Si le père ou la mère est décédé le consentement du survivant suffit.

---

même nature reçus par les notaires. Il y a donc lieu d'exiger la présence de deux témoins. L'acte sera dressé en brevet ; toutefois, pour permettre un contrôle qui aura son utilité, il sera tenu, dans chaque mairie, un registre sur lequel les actes de consentement seront mentionnés sommairement avec un numéro d'ordre. La signature de l'officier de l'état civil sera légalisée par le président du tribunal ou concurremment par le président et le juge de paix, dans les conditions prévues par la loi du 2 mai 1861.

Si le père ou la mère est dans l'impossibilité de manifester son consentement, le consentement de celui qui garde sa capacité suffit.

Impossibilité de manifester sa volonté.—Sont dans l'impossibilité de manifester leur consentement : Les parents qui sont placés dans un asile d'aliénés ; ceux qui, sans être placés dans un asile, sont néanmoins dans un état de faiblesse intellectuelle qui ne leur permet pas de donner un consentement libre et éclairé ; ceux qui ont disparu, sans qu'on puisse retrouver leur trace ; et enfin ceux qui subissent la peine de la relégation ou qui sont assujettis à la résidence perpétuelle ou temporaire à la Guyane ou à la Nouvelle-Calédonie.

Cette dernière règle a été édictée par l'article 4 de la loi du 20 juin 1896 ainsi conçu : « Sera assimilé à l'ascendant dans « l'impossibilité de manifester sa volonté l'ascendant subissant « la peine de la relégation ou maintenu aux colonies en confor- « mité de l'article 6 de la loi du 30 mai 1854 sur l'exécution de « la peine des travaux forcés. *Toutefois les futurs époux auront « toujours le droit de solliciter et de produire à l'officier de l'état « civil, le consentement donné par cet ascendant.* » Cet article de la loi nouvelle doit être entendu de la manière suivante : Le futur peut se dispenser de produire le consentement de son père, en justifiant que ce dernier est relégué ou maintenu aux colonies. Mais il n'est jamais tenu de faire cette justification. L'intention de la loi a été de faciliter le mariage ; elle n'a pas été d'atteindre le condamné, et, dès lors, si, en fait, le consentement de celui-ci avait été demandé et obtenu, il devrait être joint

---

L'article 73 du code civil indique que l'acte de consentement contiendra les prénoms, noms, professions et domiciles du futur époux et de tous ceux qui auront concouru à l'acte, ainsi que leur degré de parenté. Cette disposition a besoin d'être complétée : le consentement ne saurait être, en effet, donné utilement qu'en vue d'un mariage à contracter avec une personne déterminée et qui doit être désignée dans l'acte ; l'autorisation de se marier donnée, en termes généraux, par des parents à un enfant, n'aurait aucune valeur et ne pourrait pas être admise.

L'acte reçu par un officier de l'état civil est délivré sans frais ; il est soumis, seulement, aux droits de timbre et d'enregistrement ; dans le cas

aux pièces. Le consentement ainsi donné par un père relégué ou maintenu aux colonies prévaudrait, en cas de dissentiment, sur la volonté contraire de la mère et rendrait inutile, si la mère était décédée, toute intervention des ascendants ou de la famille.

Preuves de l'impossibilité de manifester sa volonté.—Pour les parents qui sont dans l'impossibilité de manifester leur volonté, l'officier de l'état civil exigera les pièces suivantes qui devront toujours être annexées à l'acte de mariage :

Pour les aliénés internés dans un asile, un certificat du directeur de l'asile suffira.

Pour les relégués ou la résidence obligatoire aux colonies, un extrait du jugement ou de l'arrêt, prononçant la condamnation et délivré par le greffier du tribunal civil ou de la cour d'appel devra toujours être exigé et restera annexé à l'acte de mariage. A cet effet nous rappelons que tout individu condamné à moins de 8 ans de travaux forcés est tenu, à l'expiration de sa peine, de résider dans la colonie pendant un temps égal à la durée de sa condamnation. Si la peine est de huit années ou de plus, il est tenu d'y résider pendant toute sa vie. Toutefois le condamné peut quitter momentanément la colonie en vertu d'une autorisation expresse du gouverneur. Il ne peut en aucun cas être autorisé à se rendre en France. En cas de grâce, le libéré ne peut être dispensé de l'obligation de résidence que par une disposition spéciale des lettres de grâce.

Pour les parents qui ne sont ni interdits, ni placés dans un asile d'aliénés, mais dont l'intelligence est trop faible pour donner un consentement en connaissance de cause, la question est plus délicate. Dans cette occurrence nous conseillons d'employer suivant les

---

prévu par la loi du 10 décembre 1851, il est visé pour timbre et enregistré gratis. C'est aux parties intéressées qu'il appartient d'accomplir les démarches nécessaires pour obtenir l'enregistrement. Toutefois, je ne saurais trop recommander aux officiers de l'état civil de les faire bénéficier, dans ce cas comme dans tous les autres, des facilités qu'il est possible de leur accorder. Les maires rendraient un service précieux à leurs administrés en se chargeant de faire procéder à la formalité de l'enregistrement, moyennant le versement préalable du montant des droits à la caisse municipale.

cas un double moyen : Ou présenter une requête au tribunal civil de l'arrondissement qui rend un jugement constatant la faiblesse d'esprit et l'impossibilité, dans cette situation, d'obtenir un consentement valable et ordonnant qu'il sera passé outre ; ou faire dresser un acte de notoriété par le juge de paix du canton du domicile de l'ascendant en question.

Pour les parents décédés la preuve se fait par la production de l'acte de décès. Nous verrons dans le numéro suivant qu'il est inutile de produire les actes de décès des père et mère quand le décès est attesté par les aïeuls et aïeules. Mais ce n'est pas actuellement notre cas. Nous supposons, par exemple, le père du futur mort, et sa mère vivante. Le consentement de cette dernière suffira, comme nous l'avons dit, mais le futur devra produire la preuve du décès de son père, c'est-à-dire l'acte de décès. Ce serait une erreur de croire que le paragraphe 1er de l'article 5 de la loi du 20 juin 1896 dispense de cette production : cet article ne vise que l'attestation du père et de la mère par les aïeuls et aïeules, mais n'a pas parlé de la femme attestant le décès de son mari, ou du mari attestant le décès de sa femme.

Mais que faut-il faire quand il est impossible de représenter cet acte de décès ou quand le parent dont le consentement est nécessaire a disparu sans qu'on sache ce qu'il est devenu? Les paragraphes 2 et 3 de l'article 5 de la loi du 20 juin 1896 prévoient le cas : « Si les « ascendants dont le consentement ou conseil est requis sont « décédés et si l'on est dans l'impossibilité de produire l'acte de « décès ou la preuve de leur absence, faute de connaître leur « dernier domicile, *il sera* procédé à la célébration du mariage « *des majeurs* sur leur déclaration à serment que le lieu du décès

La matière des actes respectueux n'est plus réglée que par les articles 151 modifié et 154 du code civil. Désormais, même pour les fils, de vingt-cinq à trente ans accomplis, et pour les filles, de vingt et un à vingt-cinq ans accomplis, un seul acte respectueux suffit. A défaut de consentement sur l'acte respectueux, il peut être passé outre, un mois après, à la célébration du mariage.

Les mises en demeure successives exigées par le code n'avaient, le plus souvent, d'autre résultat que de rendre plus aigu le dissentiment entre les parents et leurs enfants. A ce premier inconvénient venait se joindre

« et celui du dernier domicile de leurs ascendants leur sont « inconnus. »

« Cette déclaration doit être certifiée aussi par serment des quatre « témoins de l'acte de mariage, lesquels affirment que, quoi« qu'ils connaissent les futurs époux, ils ignorent le lieu du décès « de leurs ascendants et de leur dernier domicile. Les officiers « de l'état civil doivent faire mention, dans l'acte de mariage, « des dites déclarations. »

Trois choses principales sont à observer pour l'application de ces paragraphes : 1° Il faut que le futur soit dans l'impossibilité de produire l'acte de décès de son ascendant ou la preuve de son absence faute de connaître son dernier domicile ; 2° l'officier de l'état civil est tenu de procéder au mariage ; 3° il faut que le futur soit majeur.

1° Si le dernier domicile de l'ascendant est connu et s'il est possible de produire l'acte de décès ou la preuve de l'absence, l'article n'est plus applicable ;

2° Ces paragraphes qui sont la reproduction de l'avis du Conseil d'État du 4 thermidor an XIII contiennent une légère modification qu'il est bon de signaler. L'avis du Conseil d'État disait : « *Il peut être procédé* à la célébration du mariage... » L'officier de l'état civil avait donc le droit d'appréciation et il en usait quelquefois pour refuser de célébrer le mariage, afin de se mettre à l'abri de toute responsabilité. La loi nouvelle renferme une formule impérative : « *il sera procédé* à la célébration... » Il en résulte qu'en dehors du cas où il apparaîtrait que les futurs époux ne sont pas sincères et veulent faire fraude à la loi, l'officier de l'état civil sera tenu de célébrer leur mariage sur leur déclaration,

---

le retard apporté, sans utilité, à la célébration du mariage.

L'article 3 de la loi nouvelle place, sous l'article 152 du code civil, une disposition qui fait exception à la règle écrite dans l'article 148. En cas de dissentiment entre parents divorcés ou séparés de corps, le consentement de la mère suffira, à cette double condition que le divorce ou la séparation de corps ait été prononcé à son profit et qu'elle ait obtenu la garde de l'enfant. C'est alors, en effet, la mère qui est le mieux à même d'apprécier les avantages de l'union projetée.

L'article 155 du code civil comprend trois paragraphes nouveaux dont

faite sous la foi du serment et appuyée par celle des quatre témoins, que le lieu du décès et celui du dernier domicile de leurs ascendants leur sont inconnus.

3° Il faut que les futurs soient majeurs. Cette question soulève de grandes divergences entre les auteurs : Est-ce la majorité de 25 ans ? Est-ce la majorité ordinaire ? Certains auteurs prétendent qu'il s'agit de la majorité spéciale du mariage, c'est-à-dire de la majorité de 25 ans. Nous aussi, dans notre première édition, nous partagions cette opinion qui semble être généralement adoptée. Néanmoins, après un examen plus attentif de la question, nous n'hésitons pas à reconnaître que cette opinion est fausse et qu'il faut interpréter la loi dans le sens le plus large pour favoriser les mariages.

Nous pensons qu'il s'agit de la majorité ordinaire de 21 ans. En effet, la loi ne distingue pas entre les majeurs de 25 ans et ceux de 21 ans ; du reste, ce n'était pas nécessaire puisqu'elle dit : « si « les ascendants dont le *consentement* ou conseil est requis..... » Puisqu'elle prévoit le cas où le consentement est nécessaire elle a entendu comprendre dans cet article les majeurs de 21 à 25 ans, puisque les majeurs de 25 ans n'ont pas besoin de *consentement*, mais de *conseil* seulement.

En outre s'il s'agissait seulement des majeurs de 25 ans, comment feraient les majeurs de 21 à 25 ans pour se marier ? Ils ne pourraient pas réunir le conseil de famille puisqu'ils auraient plus de 21 ans ; ils ne pourraient produire l'acte de décès de leurs ascendants puisqu'on ignore leur dernier domicile ; donc ils ne pourraient pas se marier, ce qui est évidemment impossible à soutenir.

le texte est la reproduction de l'Avis du Conseil d'État du 4 thermidor an XIII, avec une légère modification qui lui donne une portée qu'il n'avait pas autrefois. Cette modification a été introduite dans la partie du texte destinée à régler la situation des futurs époux qui ne peuvent produire soit l'acte de décès des ascendants dont le consentement ou le conseil est requis, soit la preuve de leur absence, faute de connaître leur dernier domicile. En pareil cas, lit-on dans l'Avis du Conseil d'État : « *Il peut être procédé à la célébration du mariage des majeurs sur leur déclaration.....* » L'officier de l'état civil avait donc le droit d'appréciation et il en usait quelquefois pour refuser de célébrer le mariage,

Il s'agit donc bien de la majorité ordinaire de 21 ans.

Si le futur est mineur de 21 ans, il faut distinguer trois hypothèses : *a) le lieu du décès ou du dernier domicile de l'ascendant est connu* : il faut demander au tribunal *de l'arrondissement dans lequel l'ascendant est mort* un jugement tenant lieu d'acte de décès; *b) le lieu du décès et du domicile de l'ascendant est inconnu* : il faut un jugement du tribunal *de l'arrondissement dans lequel doit se célébrer le mariage* qui tiendra lieu de l'acte de décès ; *c) le père ou la mère a disparu sans qu'il soit possible de retrouver sa trace et sans qu'il soit possible d'affirmer le décès* (et c'est le cas qui se présente le plus fréquemment) : dans cette hypothèse, il faut encore distinguer deux cas : S'il n'est pas possible de connaître le dernier domicile ou de trouver des traces suffisantes pour l'établir, il est nécessaire d'obtenir un jugement du tribunal déclarant l'absence ou ordonnant l'enquête préalable pour arriver à la déclaration d'absence ou constatant la disparition ainsi que l'incertitude du dernier domicile et déclarant qu'il sera passé outre ; si le dernier domicile peut être retrouvé (et, par dernier domicile, on entend dans un sens très large, la *dernière résidence connue*), il faut demander un acte de notoriété au juge de paix du canton de ce dernier domicile, conformément à l'article 155, paragraphe 1 du Code civil qui a été maintenu par la loi du 20 juin 1896. Cet article est ainsi conçu : « En cas d'absence de l'ascendant auquel « eût dû être fait l'acte respectueux, il sera passé outre à la célé- « bration du mariage en représentant le jugement qui aurait été « rendu pour déclarer l'absence, ou, s'il n'y a pas eu encore de « jugement, *un acte de notoriété délivré par le juge de paix du lieu*

---

afin de se mettre à l'abri de toute responsabilité. Le texte nouveau renferme une formule impérative : « *il sera procédé à la célébration.....* » Il en résulte qu'en dehors du cas où il apparaîtrait que les futurs époux ne sont pas sincères et veulent faire fraude à la loi, l'officier de l'état civil sera tenu de *célébrer* leur mariage sur leur déclaration, faite sous la foi du serment et appuyée par celle des quatre témoins, que le lieu du décès et celui du dernier domicile de leurs ascendants leur sont inconnus.

L'article 4 de la loi substitue au texte ancien de l'article 153 du code civil une disposition qui facilite le mariage de ceux dont les ascendants subissent la peine de la relégation ou sont maintenus aux colonies, en

« où l'ascendant a eu son dernier domicile connu. Cet acte contien-« dra la déclaration de quatre témoins appelés d'office par le juge « de paix. »

160. 4° LE PÈRE ET LA MÈRE DU FUTUR SONT L'UN ET L'AUTRE DÉCÉDÉS OU DANS L'IMPOSSIBILITÉ DE MANIFESTER LEUR CONSENTEMENT MAIS IL EXISTE ENCORE DES AIEULS OU AIEULES PATERNELS OU MATERNELS. — Quand le père et la mère du futur sont décédés ou dans l'impossibilité de manifester leur volonté, le consentement est donné par les aïeuls et aïeules.

S'il y a dissentiment entre l'aïeul et l'aïeule de la même ligne, le consentement de l'aïeul suffit.

S'il y a dissentiment entre l'aïeul et l'aïeule paternels, d'une part, et l'aïeul et l'aïeule maternels, d'autre part, ce dissentiment emporte consentement.

Dans ces deux cas, il est inutile de rapporter la preuve du dissentiment, comme nous l'avons indiqué pour le dissentiment entre le père et la mère.

Nous avons vu dans les numéros précédents comment on justifie devant l'officier de l'état civil de l'impossibilité de manifester la volonté. Quand les aïeuls et aïeules autorisent le mariage, l'article 5 § 1 de la loi du 20 juin 1896, a simplifié la preuve du décès. En effet, il dispense de produire les actes de décès des père et mère des futurs mariés lorsque les aïeuls et aïeules attestent ce décès, pour la branche à laquelle ils appartiennent ; et, dans ce cas, il doit être fait mention de cette attestation dans l'acte de mariage.

---

conformité de l'article 6 de la loi du 20 mai 1854. Les futurs époux restent alors libres, mais il ne leur est plus imposé d'obtenir le consentement ou de solliciter le conseil de leurs ascendants.

Enfin, l'article 179 du code civil est complété par une disposition qui porte que les jugements et arrêts par défaut rejetant des oppositions à mariage ne sont pas susceptibles d'opposition. S'il n'existe aucune raison plausible d'empêcher le mariage projeté, la loi ne veut pas qu'on puisse le retarder par des moyens dilatoires.

La loi nouvelle s'est préoccupée d'une façon toute spéciale du mariage des indigents.

Ce paragraphe ne doit pas être entendu en ce sens que l'attestation des aïeuls ou aïeules dispense les futurs conjoints, dans tous les cas, de produire les actes de décès de leurs père et mère, et notamment, quand le lieu du décès est connu et qu'il est possible de se procurer les actes. La production des actes est la façon normale et régulière de prouver le décès, et la dispense ne peut être accordée qu'autant que cette production est impossible, soit parce que l'existence de l'ascendant est incertaine, soit parce que le décès étant certain, le lieu n'en est pas connu, soit enfin parce que l'acte n'a pas été dressé. Dans ce dernier cas, l'attestation des aïeuls ou aïeules dispense le futur de recourir à la formalité d'un jugement pour faire rétablir l'acte de décès.

161. 5° TOUS LES ASCENDANTS DU FUTUR SONT MORTS OU DANS L'IMPOSSIBILITÉ DE MANIFESTER LEUR VOLONTÉ. — Quand tous les ascendants sont morts, il faut distinguer deux cas, suivant que le futur est majeur de 21 ans ou mineur.

S'il est majeur de 21 ans et s'il se trouve dans l'impossibilité de produire les actes de décès ou la preuve de l'absence faute de connaître leur dernier domicile des ascendants dont le consentement ou conseil est requis, on appliquera les paragraphes 2 et 3 de l'article 5 de la loi du 20 juin 1896 (Voir n° 159). Si au contraire il connaît le lieu du décès, il devra produire les actes de décès des ascendants dont le consentement ou conseil est nécessaire.

Dans ce cas, le futur peut se marier sans le consentement de personne. L'âge de la majorité quant au mariage est donc réduit en faveur de l'homme à 21 ans.

Mais si le futur est mineur de 21 ans, il ne peut se marier

Elle range les actes respectueux dans la catégorie de ceux, compris dans l'article 4 de la loi du 10 décembre 1851, qui doivent être visés pour timbre et enregistrés gratis.

Elle prescrit la gratuité absolue des actes respectueux et des actes de consentement à l'égard des officiers publics qui les recevront. Cette disposition, quelque absolue qu'elle soit, comporte toutefois une exception pour le cas où la notification d'un acte respectueux obligerait un notaire à se transporter à plus d'un myriamètre de sa résidence ; on ne saurait lui faire supporter les frais occasionnés par son transport et il est en

sans le consentement du conseil de famille. Il en justifie, en représentant une expédition du procès-verbal de la délibération qui a été prise et qui doit rester annexée aux pièces.

Cette délibération n'a pas besoin d'être homologuée par le tribunal.

Le juge de paix du canton a seul qualité pour recevoir le consentement du conseil de famille. Ce consentement ne pourrait donc pas être donné par devant notaire ou par devant l'officier de l'état civil de la commune. Du reste, sur ce point l'article 1er de la loi du 20 juin 1896 est formel : « *Hors le cas prévu* « *par l'article 160 du code civil,* cet acte de consentement « pourra être donné soit devant un notaire, soit devant l'officier « de l'état civil... » Or l'article 160 du code civil est ainsi conçu : « S'il n'y a ni père ni mère, ni aïeuls ni aïeules, ou « s'ils se trouvent dans l'impossibilité de manifester leur vo- « lonté, les fils ou filles mineurs de vingt et un ans ne peu- « vent contracter mariage sans le consentement du conseil de « famille. »

Mais dans ce cas, faut-il produire les actes de décès de tous les ascendants, du père, de la mère, de l'aïeul et de l'aïeule paternels et de l'aïeul et de l'aïeule maternels ? Si le lieu du décès de ces ascendants est inconnu ou s'ils se trouvent dans l'impossibilité de manifester leur volonté il faudra employer le moyen indiqué au n° 159 *in fine* ; mais si le lieu du décès est connu, il faudra produire les actes de décès de tous les ascendants, quelque coûteuse que soit cette production ; mais dans la plupart des cas,

---

droit de les réclamer à la partie intéressée. Les notaires apporteront toujours dans leurs réclamations la plus grande modération. Il existe dans le notariat des traditions qui me dispensent d'insister sur ce point.

Le bénéfice de la loi du 10 décembre 1850 n'est acquis que moyennant la production du certificat d'indigence délivré dans les formes et dans les conditions prévues par l'article 6.

On s'est demandé s'il n'y avait pas lieu de supprimer la nécessité du visa donné par le juge de paix. On a allégué que l'accomplissement de cette formalité entraînait des inconvénients qui n'étaient compensés par aucun avantage sérieux ; les parties intéressées sont obligées, en effet,

les officiers de l'état civil pourront se reporter aux registres de l'état civil de la commune, ou demander ces pièces sur papier libre quand les futurs seront indigents.

Souvent encore dans les actes de décès des père et mère, il est mentionné que les grands-parents sont décédés. Nous ne soutenons pas que cette mention dispense les futurs époux de produire les actes de décès de ces aïeux, mais elle servira à rendre plus vraisemblable la déclaration sous serment du futur et des témoins qu'il n'a pas été possible de se procurer ces actes.

En appliquant avec discernement la législation nouvelle de la loi du 20 juin 1896, les officiers de l'état civil peuvent éviter aux parties bien des recherches inutiles et souvent dispendieuses. Des exigences trop sévères fausseraient l'intention du législateur qui a voulu faciliter les mariages, à plus forte raison, lorsque la preuve du décès des ascendants résulte d'actes produits, ils ne doivent pas hésiter à passer outre à la célébration du mariage, alors que les parties intéressées ne pourraient représenter les actes de décès eux-mêmes.

162. 5° LE FUTUR EST ENFANT NATUREL. — Pour les enfants naturels, il y a lieu de distinguer trois cas : 1° Si l'enfant a été *reconnu* par son père et sa mère, il est soumis à toutes les obligations du consentement envers son père et sa mère *seulement*. 2° S'il est reconnu par sa mère, cette dernière seule sera appelée à donner valablement son consentement ; il n'y aura pas lieu de se préoccuper du père qui légalement n'existe pas ; 3° Si l'enfant n'a été reconnu ni par son père ni par sa mère, avant 21 ans,

---

de se transporter au chef-lieu du canton lorsqu'elles n'y résident pas, et c'est pour elles une source de dépenses et une perte de temps ; même lorsqu'elles habitent au chef-lieu, elles sont encore souvent obligées de sacrifier une journée pour se présenter devant le juge de paix.

Cette question, débattue à la Chambre des députés au cours de la discussion de la loi du 20 juin 1896, a été tranchée dans le sens du maintien du visa du juge de paix. Mais le gouvernement a promis de prendre des mesures pour rendre aussi simple que possible l'accomplissement de cette formalité.

Désormais, au lieu de remettre le certificat d'indigence à la personne

il lui faudra l'autorisation d'un tuteur *ad hoc* ou de la commission administrative de l'hospice où il a été élevé ; après 21 ans, il pourra se marier librement sans demander le consentement de personne.

163. *c*) **Acte respectueux.** — Nous avons vu que l'homme qui n'a pas vingt-cinq ans accomplis et que la fille qui n'a pas vingt et un ans accomplis sont incapables de contracter mariage sans le consentement de leurs ascendants. A partir de vingt-cinq ans pour les hommes et de vingt et un ans pour les filles, le consentement des ascendants doit encore être demandé, mais le refus n'est plus une cause d'empêchement au mariage. En effet, à défaut de consentement, les majeurs ont la possibilité de faire signifier un acte *dit* respectueux à l'ascendant dont le consentement serait nécessaire au mariage.

Aux termes de l'article 2 de la loi du 20 juin 1896 qui modifie l'article 151 du code civil, *un seul acte respectueux suffit*, même pour les fils de vingt-cinq à trente ans accomplis et pour les filles de vingt et un à vingt-cinq ans accomplis. A défaut de consentement sur l'acte respectueux, il peut être procédé au mariage *un mois après* la notification de l'acte respectueux à l'ascendant. Ce délai d'un mois se calcule de quantième à quantième, de telle sorte que, l'acte respectueux ayant été notifié le 28 novembre 1896, le mariage peut être célébré le 28 décembre. Ce délai n'est d'ailleurs qu'un minimum.

L'acte respectueux est notifié par un notaire et deux témoins ou par deux notaires : cette notification est constatée par un acte dans lequel il est fait mention de la réponse de l'ascendant. Si le consentement est donné sur l'acte respectueux, et constaté par

---

qu'il concerne, le maire ou le commissaire de police qui aura dressé cette pièce l'enverra, par la poste, au juge de paix, en y joignant le certificat négatif ou l'extrait du rôle délivré par le percepteur. Après avoir apposé, s'il y a lieu, son visa sur le certificat d'indigence, le juge de paix renverra, par la même voie, les pièces à la mairie ou au commissariat de police, où elles seront tenues à la disposition des intéressés. Cette double transmission aura lieu sans frais ; les maires et les commissaires de police, d'une part, et le juge de paix de leur canton, d'aule notaire dans son procès-verbal, il est ainsi relaté dans un acte authentique, qui rend inutile toute autre justification et autorise la célébration *immédiate* du mariage.

Cet acte doit être notifié à tous les ascendants qui auraient été appelés à donner leur consentement au mariage si l'enfant avait été mineur de 25 ans.

Si l'ascendant réside en pays étranger, il faut encore avoir recours à l'acte respectueux si la législation du pays l'autorise : si, au contraire, l'acte respectueux n'est pas prévu par la loi étrangère, nos agents diplomatiques ou consulaires qui, d'après la loi du 20 juin 1896, sont aptes à recevoir le consentement, peuvent justifier par une pièce authentique que l'ascendant a été prévenu du mariage par leur intermédiaire.

L'officier de l'état civil qui, à défaut de consentement verbal ou par acte authentique, n'exigerait pas la production de l'acte respectueux régulièrement signifié, ou qui n'attendrait pas le délai d'un mois entre la signification et le mariage, serait considéré comme ayant célébré le mariage sans consentement, et, en conséquence, condamné aux peines indiquées dans le n° 150.

164. Autorisation préalable pour le mariage des militaires. — Les militaires *en activité de service* ne peuvent se marier sans l'autorisation de leurs chefs. Les ajournés, les dispensés, les hommes de la réserve et de l'armée territoriale ne sont pas astreints à cette autorisation.

Les officiers de tous grades et de toutes armes sont autorisés par le ministre de la guerre : les sous-officiers de gendarmerie et les gendarmes, par le conseil d'administration ou le chef

---

tre part, jouissent entre eux de la franchise postale pour la correspondance qui intéresse leurs services.

Les juges de paix doivent remplir avec le plus grand soin le contrôle que la loi leur confie et ne donner leur visa qu'en complète connaissance de cause ; il importe d'empêcher les fraudes ou les complaisances qui seraient préjudiciables pour le Trésor. Il peut être indispensable, pour leur permettre de se renseigner, qu'ils fassent venir auprès d'eux la partie intéressée. Nous ne saurions en ce cas les détourner de ce mode d'investigation, mais ils ne devront y avoir recours qu'à titre exde légion ; les sous-officiers et soldats de la garde républicaine, par le préfet de police sur l'avis du conseil d'administration de corps ; les sous-officiers et soldats de toutes armes, par le général commandant le corps d'armée.

Un jeune homme appartenant à une classe de l'armée active *appelée sous les drapeaux*, doit fournir à l'officier de l'état civil cette autorisation ou une pièce attestant qu'il est en congé de libération, ou disponible, ou classé dans la réserve de l'armée active.

L'officier de l'état civil qui procéderait à un mariage de militaire sans l'autorisation nécessaire, ou qui négligerait de joindre cette autorisation à l'acte de mariage, serait destitué de ses fonctions (Voir le n° **172**, en ce qui concerne le domicile).

165. Certificat à produire par un officier à l'appui de sa demande d'autorisation. — *L'officier qui désire contracter mariage doit produire à l'appui de sa demande d'autorisation au ministre de la guerre, diverses pièces, parmi lesquelles un certificat délivré par le maire du domicile de la future, et approuvé par le sous-préfet ou par le préfet. Ce certificat doit être ainsi conçu* :

Nous, maire de la commune de . . . . ., département de . . . . . ., certifions qu'il résulte des renseignements exacts que nous nous sommes procurés, que Madame *ou* Mademoiselle (*nom, prénoms, âge, profession et domicile de la future*), fille de . . . . . et de . . . . ., demandée en mariage par Monsieur (*nom, prénoms, grade et corps de l'officier qui doit épouser la future*) jouit d'une bonne réputation ainsi que sa famille, et qu'elle aura en mariage (*indiquer le montant et la nature de la dot*) et que ses espérances de fortune peuvent être évaluées à environ. . . . .

---

ceptionnel ; ils ne perdront jamais de vue qu'il convient d'éviter, autant que possible, des déplacements à des personnes pour lesquelles une perte de temps entraîne une perte de salaire.

Je vous prie, Monsieur le Procureur général, de prendre des mesures en vue d'assurer dans votre ressort l'exécution des instructions contenues dans cette circulaire.

Recevez, Monsieur le Procureur général, l'assurance de ma considération très distinguée.

Le Garde des Sceaux, Ministre de la Justice,

J. DARLAN.

En foi de quoi nous avons délivré ce présent certificat.

Fait à . . . . . le. . . . . 189. .

(*Cachet de la mairie.*) Le Maire.

166. Formule à insérer dans un acte de mariage concernant un militaire. — *Dans l'énumération des pièces produites, mettre* : (Pour les officiers) Vu la permission délivrée pour le présent mariage par M. le Ministre de la guerre le. . . . . ; (pour les sous-officiers et soldats) . . . . . par le conseil d'administration du corps d'armée, le. . . . . ; (pour les gendarmes ou sous-officiers de gendarmerie) . . . . par M. le commandant de la Compagnie du département de . . . . . le . . . . . ladite permission approuvée par le colonel de la. . . légion.

167. Mariage des prêtres et religieux. — Malgré l'avis contraire de quelques jurisconsultes, nous pensons qu'un officier de l'état civil peut, sans inconvénient, procéder régulièrement au mariage des prêtres, religieux, religieuses en se conformant à la loi commune. La jurisprudence paraît actuellement fixée en ce sens.

168. Mariage des sourds-muets. — Le sourd-muet qui est capable de manifester son consentement au mariage peut se marier quand bien même il ne saurait ni lire ni écrire.

S'il sait écrire, il donne son consentement par écrit, sur une feuille de papier timbré de soixante centimes ; dans ce cas l'officier de l'état civil écrit les questions et le sourd-muet écrit ses réponses. Cette pièce qui doit être annexée à l'acte de mariage est signée par l'officier de l'état civil et par l'époux.

Si le sourd-muet ne sait pas écrire, mais s'il connaît le langage mimique, un interprète est nécessaire. Evidemment il serait utile d'avoir un spécialiste, mais les personnes familiarisées avec lui pourront servir d'interprètes naturels. Si le sourd-muet ne sait pas écrire et s'il ne connaît pas le langage mimique, le cas devient plus embarrassant pour l'officier de l'état civil. On conseille, en pareil cas, de s'assurer, avant le mariage, des moyens qui seront employés pour faire exprimer au futur nettement sa volonté. Si le sourd-muet est complètement ignorant et incapable de manifester sa volonté, le maire doit s'abstenir de célébrer le mariage ; si, au contraire, les parents ou les amis qui ont l'habitude de communiquer avec le muet comprennent ses signes et affirment pouvoir traduire fidèlement sa volonté, on peut les employer comme interprètes naturels, après leur avoir fait prêter serment, et en le constatant dans l'acte de mariage.

169. Formule pour un acte de mariage d'un sourd-muet. — *Après le prononcé de l'union, ajouter* : Nous constatons que l'époux est sourd-muet ; nous certifions que les questions et interpellations que nous lui avons faites ainsi que ses déclarations et réponses ont été écrites par nous et par lui sur une feuille de papier timbré de soixante centimes, signée et paraphée par nous et l'époux, laquelle restera annexée au présent.

Ou, si le sourd-muet ne sait pas écrire : . . . . . nous certifions que les questions et interpellations que nous lui avons faites, ainsi que ses déclarations et réponses ont eu lieu par l'intermédiaire du sieur (*nom, prénoms, âge, profession et domicile de l'interprète*), lequel initié au langage des sourds-muets a rempli les fonctions d'interprète après avoir dûment prêté serment entre nos mains.

Ou encore : . . . . . au moyen de signes ne donnant lieu à aucune équivoque.

SECTION II

Du domicile.

170. Du domicile en général. — Toutes les questions sur le domicile offrent certaines difficultes et ont une importance capitale pour les publications et pour le mariage. Ainsi un mariage célébré par un officier de l'état civil incompétent peut être annulé ; c'est pourquoi nous avons consacré une section spéciale à ces questions.

Le domicile de tout Français est au lieu où il a son principal établissement industriel ou commercial et ses intérêts de famille et de propriété.

Le changement de domicile s'opère par le fait d'une habitation *réelle* dans un autre lieu, joint à l'intention d'y fixer son principal établissement. La preuve de cette intention résulte soit des diverses circonstances laissées à l'appréciation des maires, soit d'une déclaration expresse faite à la mairie du lieu que l'on abandonne, et à la mairie du lieu qu'on habite.

171. Fonctionnaires. — Tous les fonctionnaires ont généralement leur domicile là où ils exercent leurs fonctions et dès leur installation. Néanmoins l'acceptation de fonctions temporaires ou révocables n'emporte pas nécessairement changement de domicile, si les fonctionnaires qui en sont investis ne font qu'une installation provisoire, et s'ils manifestent l'intention de conserver leur ancien domicile, par exemple en y laissant leur femme et leurs enfants ou en ne demandant pas à être inscrits sur les listes électorales de la commune où ils doivent exercer leurs fonctions.

172. Officiers et militaires. — Les officiers, sous-officiers et soldats ont leur résidence dans la ville où ils sont en garnison, et leur domicile dans la commune où sont domiciliés leurs père et mère. Cette question a une grande importance, car les publications doivent être faites au lieu de la résidence et au domicile.

Mais il y a discussion sur cette question de domicile. Les uns prétendent que c'est le domicile des parents ; les autres, que c'est le lieu du tirage au sort. Nous estimons que cette dernière théorie est erronée et que le domicile des officiers et soldats est bien le domicile de leurs père et mère. En effet, si on admettait le domicile du tirage au sort, il faudrait aussi admettre que les soldats, qui ont comme domicile légal le domicile de leur père jusqu'à l'âge de 25 ans, changent de domicile à partir de cet âge, ce qui serait absurde.

173. Domestiques ou serviteurs à gage. — Les *majeurs* de vingt et un ans et les mineurs émancipés qui servent ou travaillent habituellement chez autrui, ont le même domicile que la personne qu'ils servent et chez laquelle ils travaillent, lorsqu'ils demeurent avec elle, dans la même maison. Les domestiques *mineurs* non émancipés conservent le domicile de leurs père et mère ou tuteur.

174. Femmes mariées. — La femme mariée ne peut avoir d'autre domicile que celui de son mari, quand bien même ce dernier l'autoriserait à résider dans une autre commune. Cette règle est absolue ; elle ne souffre qu'une exception, c'est quand la femme est autorisée par la justice à avoir un domicile séparé.

La femme est obligée d'habiter avec son mari, et de le suivre partout où il juge à propos de résider ; le mari est obligé de la recevoir et de lui fournir tout ce qui est nécessaire pour les besoins de la vie, selon ses facultés et son état.

A ce propos, nous signalons un fait qui se produit fréquemment : La femme, par suite de mauvais traitements ou de toute autre cause, abandonne le domicile de son mari et se réfugie soit dans sa famille, soit dans une autre commune. Le mari, qui peut la contraindre à demeurer avec lui, s'adresse alors au procureur de la République en lui demandant d'obliger la femme à réintégrer le domicile conjugal. Ce magistrat peut intervenir officieusement et la faire inviter à obéir à la loi, mais il ne peut en aucune façon la faire arrêter et ramener de force à son mari. C'est donc à tort qu'on s'adresse à lui. Le seul moyen légal pour le mari de remédier à ce fâcheux état de chose est de s'adresser au tribunal du lieu où la femme s'est réfugiée. Le tribunal peut alors ordonner que la fugitive réintégrera le domicile conjugal dans un certain délai, et que faute par elle de le faire, elle sera, à la diligence du procureur de la République, conduite entre deux gendarmes dans la maison de son mari ! Mais, hélas ! le pouvoir des magistrats s'arrête là, car aucune puissance ne peut empêcher la femme, dès le lendemain de son retour, dès le jour même, de recommencer à s'évader. Si son mari l'enferme sous clef, il risque d'être poursuivi pour séquestration arbitraire.

En cette occurrence, la manière la plus efficace d'agir est de faire adresser une sommation à la femme, par ministère d'huissier, d'avoir à réintégrer le domicile conjugal. Si elle refuse, l'huissier le constatera légalement : or comme son refus sera considéré par le tribunal comme une offense grave, le mari trouvera là une excellente cause de divorce.

Mais, d'autre part, le mari qui chasse sa femme de son domicile, qui refuse de la recevoir chez lui, ou qui l'oblige par les mauvais traitements de toutes sortes à quitter la maison maritale, commet des excès et injures graves de nature à entraîner contre lui le divorce ou la séparation de corps.

174 *bis*. Mineurs et interdits. — Les mineurs non émancipés et les interdits ne peuvent avoir d'autre domicile que celui de leurs parents.

175. Nomades. — Tout le monde a un domicile. On ne peut pas ne pas avoir de domicile. Ceux qui exercent un métier qui les oblige à des déplacements continuels, les vagabonds qui sont condamnés comme n'ayant aucun domicile certain, ont toujours pour domicile, relativement au mariage, leur domicile d'origine.

Mais quand ce domicile est inconnu, ou quand ils ont rompu tout lien avec lui, dans quelle commune pourront-ils se marier ? Faudra-t-il les obliger à attendre six mois dans la même commune au risque de causer à leur négoce le plus grand préjudice ? Nous ne le croyons pas ; pour leur permettre de contracter mariage, il suffit de leur faire faire une déclaration de domicile à la mairie de l'une des communes où les ramènent de temps en temps les nécessités de leur profession ; ils acquerront ainsi le domicile conjugal au bout de six mois, sans être obligés de demeurer constamment dans la même commune.

176. Domicile spécial pour le mariage. — Le domicile spécial, quant au mariage seulement, s'établit par six mois de *résidence* continue dans la même commune. Il faut entendre cette règle de la manière suivante : On peut avoir son domicile réel dans une commune, et avoir une résidence dans une autre commune.

On peut se marier soit à son domicile ordinaire, sans aucune condition dans la durée de l'habitation ; soit dans la commune où l'on réside depuis six mois, bien que cette résidence ne soit qu'accidentelle, par exemple, dans un hôtel, dans un garni, ou chez un ami.

Comme conséquence de cette théorie, il faut admettre qu'on peut se marier à son domicile réel, moins de six mois après son arrivée ; qu'un domestique majeur qui a son domicile légal chez son maître, comme nous l'avons vu sous le numéro **173**, peut se marier dans la commune où demeure ce maître un mois après son entrée en service. Nous verrons dans la section suivante, les formalités de publications à remplir dans ces circonstances et des exemples faciles qui feront comprendre clairement les avantages de cette théorie.

En résumé, nous conseillons aux officiers de l'état civil d'interpréter toujours, dans le sens le plus large, la législation sur le domicile, dans le but de favoriser les mariages. Dans les cas trop délicats, ils devront s'adresser au procureur de la République de l'arrondissement.

SECTION III

Des publications.

177. But des publications. — Les publications ont pour but de donner de la publicité au mariage et de prévenir les parents et les tiers qui pourraient avoir un intérêt légitime à empêcher l'union.

178. Nécessité des publications. — Si le mariage n'est pas précédé de publications régulières, et si les délais entre la dernière publication et le mariage ne sont pas observés, le mariage peut être annulé pour défaut de publicité suffisante ; et, en outre, le procureur de la République a le droit de poursuivre et de faire prononcer une amende contre l'officier de l'état civil et contre les parties contractantes.

179. Deux publications. — Avant la célébration du mariage, il faut faire deux publications, devant la porte de la mairie, un jour de dimanche et à huit jours d'intervalle. La loi exige que les publications soient lues à haute et intelligible voix en public. Mais, dans la pratique, cette prescription est peu observée et les officiers de l'état civil se bornent à dresser un acte mentionnant cette formalité et à en afficher un extrait à la porte de la mairie.

180. A la requête de qui les publications sont-elles faites ? — Si les futurs époux sont majeurs (majorité spéciale du mariage) les publications sont faites à leur requête. S'ils sont mineurs, ils doivent être assistés des parents dont le consentement est nécessaire, ou munis de leur consentement. Cette formalité est obligatoire sous peine de dommages-intérêts contre l'officier de l'état civil.

L'officier de l'état civil ne peut exiger la remise d'aucune pièce avant les publications ; mais il a le droit et le devoir de demander tous renseignements utiles pour la confection de l'acte. Ces renseignements sont fournis sur simples notes écrites sur papier libre, ou oralement par les parents ou par les futurs. Le livret de famille dont il sera ci-après parlé pourra être produit utilement par les pères et mères pour éviter les erreurs de date et d'orthographe dans les noms, et les omissions des prénoms.

181. Où faut-il faire les publications ? — Les deux publications doivent être faites à la municipalité de la commune où chacune des parties a son domicile et par conséquent dans la commune où doit se célébrer le mariage. Néanmoins si le domicile n'est établi que par six mois de *résidence*, les publications seront faites en outre à la municipalité du dernier domicile.

Si les futurs époux, ou l'un d'eux, sont mineurs quant au mariage, il faut en outre faire des publications à la municipalité du domicile de ceux sous la puissance desquels ils se trouvent quand bien même les parents seraient domiciliés à l'étranger.

Voici divers exemples qui s'appliquent tant à la question de domicile et de mariage, qu'à la question des publications.

a) Un fonctionnaire, âgé de 23 ans, exerce ses fonctions à Lyon. Son père demeure à Reims. Le premier mars, il est nommé à Mézières et vient immédiatement prendre possession de son poste. Son domicile réel est à Mézières, où il pourra se marier dès le premier mai suivant, sans attendre le délai de six mois ; mais, indépendamment des publications qu'il est tenu de faire à Mézières, il devra en faire à Lyon, son ancien domicile et à Reims où demeure son père sous la puissance duquel il se trouve.

Mais supposons qu'au lieu de se marier le premier mai, il ne se marie que le 12 septembre, c'est-à-dire plus de six mois après son départ de Lyon, il ne sera tenu de faire des publications qu'à Reims et à Mézières.

b) Une personne majeure est domiciliée à Bar-le-Duc ; elle possède à Verdun une maison de campagne dans laquelle elle vient tous les ans passer plus de six mois. Elle pourra se marier soit à Bar-le-Duc, soit à Verdun. Mais si elle choisit Verdun, des publications seront nécessaires à Bar-le-Duc ; si, au contraire, elle choisit Bar-le-Duc, il sera inutile de faire des publications à Verdun.

c) Un domestique majeur qui était domicilié à Sedan se loue à Charleville le quinze mars. Il pourra se marier à Charleville dès le quinze avril suivant, parce qu'il a son domicile réel dans cette ville, mais il sera tenu de faire ses publications à Sedan et à Charleville. S'il était mineur, il ne pourrait se marier à Charleville qu'après six mois de résidence, ou chez ses parents au domicile desquels il faudrait faire des publications.

d) Une personne majeure, non fonctionnaire, est domiciliée à Nancy. Elle quitte cette ville et vient fixer son domicile à Rethel, en ayant soin de faire à Nancy une déclaration de changement de domicile, et à Rethel une déclaration de fixation de domicile. Cette personne pourra se marier à Rethel deux ou trois mois après son arrivée en faisant des publications à Nancy et à Rethel, ou après plus de six mois, en faisant seulement des publications à Rethel.

c) Un individu nomade, n'ayant aucun domicile certain, fait une déclaration de domicile à Charleville, puis continue à aller de ville en ville exercer son commerce. Il pourra se marier à Charleville, mais après six mois depuis la date de la déclaration de domicile.

182. ÉNONCIATIONS DE L'ACTE DE PUBLICATION. — L'article 63 du code civil porte que l'acte de publication doit mentionner les noms, prénoms, professions et domiciles des futurs époux, leur qualité de majeurs ou de mineurs, et les noms, prénoms, professions et domiciles de leurs pères et mères.

L'acte doit contenir en outre les jours, lieu et heure des publications. Il est signé par le maire seul.

La qualité de majeur ou de mineur, dans les actes de publication, est déterminée par l'âge ordinaire de la majorité, c'est-à-dire par vingt et un ans, et non par la majorité spéciale du mariage.

183. Formule pour les actes de publication. — Le dimanche . . . . . juin mil huit cent . . . . . à . . . heures du . . . . . Nous (*nom et prénoms de l'officier de l'état civil*), maire et officier de l'état civil de la commune de . . . . . . avons publié pour la première fois (*ou* pour la seconde fois) devant la porte de la maison commune, le mariage projeté entre (*nom, prénoms, profession et domicile du futur*), majeur, fils de (*nom, prénoms, profession et domicile du père*) et de (*nom, prénoms, profession et domicile de la mère*), d'une part ; Et (*nom, prénoms, profession et domicile de la future*), mineure, domiciliée de droit chez ses parents et de fait à . . . . . , fille de . . . . . et de . . . . . , d'autre part. De laquelle publication nous avons dressé le présent acte, dont un extrait a été affiché à la porte de la maison commune, pour y rester pendant le délai prescrit par la loi.

Le Maire.

(Nota) *Modifier la formule suivant les cas : futur majeur ou mineur, ou veuf, ou enfant naturel reconnu ou non reconnu, ou n'ayant pas au moins six mois de résidence.*

184. Registre des publications. — Les actes de publication sont inscrits sur un registre spécial, non tenu en double, mais présentant toutes les autres formalités des registres de l'état civil, c'est-à-dire sur timbre, coté, paraphé, muni d'un arrêté de clôture et d'une table comme les autres registres. Il doit être déposé à la fin de chaque année au greffe du tribunal.

Les deux publications doivent être constatées par *deux* actes distincts et non par un seul acte.

185. Extrait affiché. — Après la rédaction de l'acte, un *extrait* doit en être affiché à la porte de la mairie, où il reste pendant les huit jours d'intervalle qui existent entre la première et la seconde publication. Cet extrait est écrit sur papier timbré de soixante centimes, sauf en cas d'indigence des parties.

Aucun texte ne prescrit d'afficher la seconde publication ; mais plusieurs auteurs le recommandent. En ce qui nous concerne nous estimons qu'il est inutile de recourir à cette formalité, et que le premier extrait qui peut rester affiché jusqu'au jour de la célébration est suffisant pour assurer la publicité du mariage.

186. Formule d'un extrait à afficher à la porte de la mairie. — Entre le sieur. . . . (*nom, prénoms, âge, profession et domicile du futur*), fils majeur (*ou* mineur) de. . . . . et de. . . . . . . Et (*nom, prénoms, âge, profession et domicile de la future*), fille majeure (*ou* mineure) de. . . . . . et de . . . . il y a publication de mariage.

Fait à. . . . . . . le . . . . 189 .

Le Maire.

187. Délai entre la dernière publication et le mariage. — Aux termes de l'article 64 du Code civil le mariage ne peut être célébré avant le troisième jour, depuis et non compris celui de la seconde publication. Donc, la seconde publication ayant lieu un dimanche, le mariage sera valablement célébré le mercredi suivant. Sous aucun prétexte ce délai ne sera abrégé.

Quand les publications doivent être faites dans plusieurs communes, l'officier de l'état civil qui a reçu des parties la réquisition de publication, doit envoyer sur papier libre un extrait contenant les noms, prénoms, âges, professions et domiciles des futurs et des pères et mères, à ses collègues des autres communes pour leur permettre de faire des publications exactes.

En outre, quand les publications sont faites dans plusieurs communes, l'officier de l'état civil qui est appelé à célébrer le mariage devra s'assurer par les certificats produits que la date de la dernière publication faite est bien antérieure de trois jours au mariage.

Si le mariage n'était pas célébré dans l'année à compter de l'expiration du délai des publications, il serait nécessaire de faire de nouvelles publications.

188. Certificat de publication. — Quand les publications ont été faites dans une commune autre que celle dans laquelle le mariage sera célébré, l'officier de l'état civil doit délivrer un certificat constatant l'accomplissement de cette formalité et les dates auxquelles les publications ont été faites.

Cette pièce est délivrée sur papier timbré de soixante centimes, sauf pour les indigents. La signature de l'officier de l'état civil est légalisée, si besoin est, par le juge de paix, ou, par le président du tribunal.

189. Formule d'un certificat de publication et de non-opposition. — Nous (*nom et prénoms*), maire et officier de l'état civil de la commune de. . . . , arrondissement de. . . . . . , département de. . . . , certifions que les dimanches (*dates et année*), à. . heures du. . . .. nous avons fait les deux publications du mariage projeté entre (*nom, prénoms, âge, profession et domicile du futur*), fils majeur *ou* mineur de (*noms, prénoms, âges, professions et domiciles des père et mère du futur*) et de (*nom, prénoms, âge, profession et domicile de la future*), fille majeure *ou* mineure de (*noms, prénoms, âges, professions et domiciles des père et mère de la future*). Certifions en outre qu'il n'est survenu aucune opposition à ce mariage. *Ou* : certifions qu'il a été formé opposition par le sieur. . . . . ainsi qu'il résulte d'un acte du ministère de. . . . ., huissier à. . . . . . en date du. . . . . . et que mainlevée de cette opposition a été donnée par jugement du tribunal civil de. . . . ., en date du. . . . . ; *ou* : par acte en date du. . . . . reçu par M[e]. . . . ., notaire à. . . . .

Délivré à. . . . le. . . . 189 .

(*Cachet de la mairie.*) Le Maire.

(*Signature légalisée.*)

190. Dispense de seconde publication. — Dans des cas particulièrement graves, par exemple : pour un mariage *in extremis*, ou, à cause de l'état avancé de grossesse de la future qui fait craindre un accouchement avant le mariage, le procureur de la République peut dispenser de la seconde publication. Dans ce cas, la dispense accordée est déposée à la mairie de la commune où le mariage doit être célébré. Le secrétaire en délivre une expédition dans laquelle il est fait mention de ce dépôt, et qui demeure annexée à l'acte de la célébration du mariage.

Quand il y a dispense, la seule publication doit toujours être faite un dimanche, et trois jours avant la célébration du mariage. Elle doit être affichée comme nous l'avons dit plus haut. L'acte de publication doit mentionner qu'il a été accordé dispense de la seconde, par le procureur de la République.

191. Opposition. — L'opposition est un acte signifié par ministère d'huissier aux officiers de l'état civil des communes dans lesquelles le mariage peut être célébré, à la requête des personnes désignées par la loi, dans le but d'empêcher un mariage.

192. Personnes qui peuvent faire opposition. — Le droit d'opposition appartient au père ; à défaut du père, à la mère ; à défaut du père et de la mère, aux aïeuls et aïeules, aux frères et aux sœurs, aux oncles et aux tantes, aux cousins germains, aux tuteurs et aux curateurs. Le procureur de la République peut former opposition dans l'intérêt de l'ordre public, mais son opposition se manifeste le plus souvent par une lettre adressée à l'officier de l'état civil qui s'empresse toujours d'obtempérer aux instructions qui lui sont données.

Les collatéraux, c'est-à-dire les frères et les sœurs, les oncles et les tantes, et les cousins germains, ainsi que les tuteurs ou curateurs, ne peuvent former opposition qu'à une triple condition : 1° ils doivent être majeurs ; 2° il faut qu'il n'y ait pas d'ascendants ; 3° leur opposition doit être fondée sur la folie du futur ou sur le défaut de consentement du conseil de famille. Plus spécialement, les tuteurs et les curateurs ne peuvent former opposition qu'autant qu'ils y sont autorisés par un conseil de famille qu'ils ont le droit de convoquer à cet effet.

193. Formes de l'opposition. — A peine de nullité, l'opposition signifiée à l'officier de l'état civil, doit contenir : 1° l'élection de domicile dans le lieu où se célébrera le mariage ; 2° les motifs de l'opposition, sauf quand elle est signifiée à la requête des ascendants ; 3° la signature de l'opposant, ou, s'il ne sait pas signer, la signature de son fondé de procuration spéciale et authentique ; 4° enfin, elle doit être signifiée à l'officier de l'état civil et aux parties.

L'officier de l'état civil qui reçoit signification d'une opposition doit apposer son visa sur l'original de l'acte. Ce visa est conçu en ces termes : « *Vu et reçu copie du présent, qui nous a été signifié le . . . . 189 .*

A . . . . le . . . . 189 . (Signature et cachet de la mairie.)

194. Mention des oppositions. — Aux termes de l'article 67 du Code civil, l'officier de l'état civil fera, sans délai, une mention sommaire des oppositions sur le registre des publications ; il fera aussi mention, en marge de l'inscription des dites oppositions, des jugements ou des actes de mainlevée dont l'expédition lui aura été remise.

195. Formule de la mention d'opposition à inscrire sur le registre des publications. — A la requête de (*nom, prénoms*, *profession et domicile de l'opposant*) et par acte du ministère de. . . ., huissier à. . . . ., en date du. . . . . . mil huit cent. . . . ., il nous a été signifié opposition au mariage projeté entre (*noms, prénoms, professions et domiciles du futur et de la future*) dont la première publication a été inscrite sur ce registre, à la date du . . . . et la seconde, à la date du. . . .

Fait à. . . . . le. . . . . 189. .

Le Maire.

196. Formule de la mention à mettre en marge des actes de publication après opposition. — Opposition au mariage projeté entre les parties dénommées dans l'acte ci-contre, nous a été signifiée le. . . . . par le ministère de M^e^. . . . ., huissier à. . . . ., à la requête de. . . . .

Fait à. . . . . le. . . . . 189. .

Le Maire.

197. Formule à mettre en marge de l'acte d'opposition, après la mainlevée. — Mainlevée de l'opposition ci-contre a été prononcée par jugement du tribunal de. . . . ., en date du. . . . .; *ou* : a été consentie par acte reçu par M^e^. . . . ., notaire à. . . . ., le. . . . .

Fait à. . . . . le. . . . . 189. .

Le Maire.

198. Effets de l'opposition. — L'officier de l'état civil qui malgré une opposition régulièrement signifiée procéderait au mariage, pourrait être condamné à trois cents francs d'amende, sans préjudice des dommages-intérêts.

Si l'opposition était nulle, soit par vice de forme, soit parce qu'elle est mal fondée, ou faite à la requête d'une partie n'ayant pas qualité pour agir, l'officier de l'état civil pourrait-il passer outre ? Non ; il ne doit jamais se faire juge de la validité d'une opposition ; il s'abstiendra donc, et demandera conseil au procureur de la République.

L'opposition empêche le mariage jusqu'à ce que mainlevée en soit donnée. La mainlevée est donnée soit par acte notarié, soit par jugement du tribunal civil. La mainlevée consentie par acte notarié sera régulièrement donnée par la signification de l'acte à l'officier de l'état civil.

Après une opposition contestée devant le tribunal, il importe d'exiger, avant la célébration du mariage, la grosse du jugement de mainlevée et l'original de l'exploit de signification. Que ce jugement soit contradictoire ou par défaut, l'officier de l'état civil peut passer outre, s'il s'est écoulé au moins huit jours depuis le prononcé du jugement. Il ne reste qu'une seule ressource à l'opposant, dûment mis en demeure par la signification du jugement de mainlevée, pour retarder le mariage, c'est d'interjeter appel et de dénoncer cet appel à l'officier de l'état civil, auquel cas, ce dernier est tenu de surseoir jusqu'à l'arrêt de la Cour d'appel.

En effet, la loi du 20 juin 1896 a décidé que les jugements et arrêts par défaut rejetant les oppositions à mariage ne sont pas susceptibles d'opposition, car elle n'a pas voulu qu'on puisse retarder les mariages, lorsqu'il n'y a aucune raison plausible à faire valoir.

SECTION IV

Pièces à fournir pour le mariage.

199. Remise des pièces. — Les pièces nécessaires au mariage sont remises à l'officier de l'état civil, avant la célébration, pour lui permettre de vérifier leur régularité, ou, de se rendre compte si toutes les formalités ont été remplies. En outre, elles lui sont nécessaires pour la préparation de l'acte.

200. Liste des pièces à fournir. — Nous avons énuméré ci-après la liste des pièces à fournir, suivant les cas :

a) LES ACTES DE NAISSANCE DU FUTUR ET DE LA FUTURE. — Ces pièces sont toujours nécessaires, même quand les futurs sont nés dans la commune. Ainsi un officier de l'état civil qui se bornerait à énoncer dans l'acte qu'il s'est reporté aux registres de la commune, pour vérifier les lieux et dates de naissance des futurs, sans annexer les expéditions de ces actes, commettrait une contravention. (Voir n° 202.)

b) Les actes de décès des ascendants dont le consentement serait nécessaire au mariage. — Si les ascendants, autres que le père et la mère, sont décédés dans la commune, il sera inutile de produire des expéditions ; l'officier de l'état civil vérifiera sur les registres et le mentionnera dans l'acte. Nous renvoyons à ce sujet aux numéros 159, 160, 161, qui contiennent les exceptions à cette règle.

c) Le consentement des parents lorsqu'ils ne comparaissent pas dans l'acte. — Ce consentement doit être *spécial*, c'est-à-dire qu'il désignera les nom, prénoms, profession et domicile de la personne avec laquelle le futur se propose de contracter mariage (Voir n°s 151 et suivants).

Un consentement donné par acte sous seing privé est nul. Les ascendants, résidant en pays étranger, doivent donner leur consentement devant le chancelier du consulat ; la pièce est visée par le consul ou l'ambassadeur et par le ministre des affaires étrangères, sauf pour la Belgique et l'Alsace-Lorraine.

Un consentement donné plusieurs mois ou plusieurs années avant le mariage, peut être accepté, s'il est *spécial*, et si le futur justifie que l'ascendant qui l'a donné vit encore.

d) L'expédition des dispenses d'age, de parenté, d'alliance ou de publication, s'il en a été accordé (Voir n°s 143 et suivants).

e) L'acte de décès du conjoint décédé. — Cette pièce est toujours obligatoire quand l'un des futurs est veuf. Il ne suffirait pas de se reporter aux registres de l'état civil pour vérifier le décès.

f) L'autorisation de l'autorité militaire, si le futur appartient a l'armée active et est incorporé. — Cette pièce est toujours dispensée du timbre. Nous avons examiné sous le n° 164, de quelle autorité doit émaner l'autorisation.

Indépendamment de cette pièce obligatoire quand le futur est sous les drapeaux, l'article 15 de la loi du 15 juillet 1889, exige que depuis l'âge de vingt ans, jusqu'à l'âge de quarante-cinq ans, tout futur qui veut se marier, justifie devant l'officier de l'état civil, soit par son livret militaire, soit par toute autre pièce, qu'il a satisfait à la loi sur le recrutement de l'armée.

g) Les certificats de publication et de non-opposition des officiers de l'état civil de toutes les communes où des publications étaient nécessaires (Voir n° 188).

h) La mainlevée des oppositions, s'il y en a eu (Voir n° 198).

i) Le certificat du notaire qui a reçu le contrat de mariage. — Aux termes de l'article 1394 du Code civil, le notaire qui a reçu le contrat de mariage des futurs époux doit leur délivrer, au moment de la signature du contrat, un certificat sur papier libre et sans frais, énonçant ses nom et lieu de résidence, les noms, prénoms, qualités et demeures des futurs époux ainsi que la date du contrat. Il doit énoncer encore que la remise en sera faite à l'officier de l'état civil, avant la célébration du mariage.

j) L'acte respectueux, s'il y en a eu (Voir n° 163).

k) Les délibérations des conseils de famille, les actes de notoriété, etc. — Ce sont les expéditions de ces délibérations, délivrées par les greffiers aux parties, qui doivent être remises à l'officier de l'état civil.

201. Pièces écrites en langue étrangère. — Si une pièce est écrite en langue étrangère, il faut la faire traduire en français. Dans ce but, l'officier de l'état civil peut adresser la pièce au procureur de la République qui la fera traduire, sauf à la partie intéressée à payer les frais de traduction. L'acte original et la traduction doivent demeurer annexés aux pièces.

202. Impossibilité de produire l'acte de naissance du futur ou de la future. — Si l'un des futurs est dans l'impossibilité de produire son acte de naissance, soit parce que sa naissance n'a pas été déclarée à la mairie, soit parce qu'on a oublié d'en dresser acte, il y aura lieu de demander au tribunal un jugement tenant lieu de cet acte. Néanmoins, en cas d'urgence, on peut se dispenser de demander un jugement et suppléer à l'absence de l'acte de naissance, par un acte de notoriété.

203. Acte de notoriété. — Cet acte de notoriété qu'il ne faut pas confondre avec celui dont il est parlé au numéro 159 *in fine*, est dressé par le juge de paix du lieu de la naissance, ou par le juge de paix du domicile actuel du futur, quand il est impossible de connaître le lieu de la naissance. Il doit contenir la déclaration par sept témoins, de l'un ou de l'autre sexe, parents, ou non parents, des noms, prénoms, professions et domiciles du futur époux et de ses père et mère s'ils sont connus, du lieu et de la date de la naissance, s'il est possible de préciser, et des causes qui ont empêché d'en rapporter l'acte.

Cet acte de notoriété est soumis à l'homologation du tribunal civil de l'arrondissement dans lequel le mariage devra être célébré. C'est l'expédition du jugement d'homologation et non l'expédition de l'acte de notoriété, qui devra être remise à l'officier de l'état civil, au moment de la célébration du mariage.

204. Formule à employer dans l'acte de mariage quand l'acte de naissance du futur est remplacé par un acte de notoriété. — *Dans l'énumération des pièces, ajouter* : L'acte de naissance du futur n'ayant pu être reproduit, il nous a été présenté l'expédition d'un jugement du tribunal civil de . . . . ., en date du . . . . enregistré, contenant homologation d'un acte de notoriété dressé conformément aux articles 70, 71 et 72 du Code civil, pour suppléer à l'acte de naissance, par M. le juge de paix du canton de . . . . . le . . . . mil huit cent . . . . .

205. Irrégularités dans les actes produits. — En principe un acte de l'état civil ne peut être rectifié que par un jugement du tribunal, qui est toujours nécessaire, lorsque l'erreur est importante, par exemple, quand le nom patronymique est complètement dénaturé, lorsque la filiation est mal déterminée, ou quand le sexe est faussement indiqué. Mais quand il s'agit *d'irrégularités peu importantes*, le législateur, dans le but de favoriser les mariages et d'éviter aux futurs les frais et les lenteurs d'une procédure devant le tribunal, permet de se passer d'un jugement de rectification, à l'aide de l'avis du Conseil d'État du 30 mars 1808.

206. Avis du Conseil d'Etat du 30 mars 1808. — Voici les termes de cet avis : « Le Conseil d'État.... considérant « que, s'il est important de ne procéder à la rectification des re- « gistres de l'état civil que par autorité de justice, et en vertu « de jugements rendus à cet effet, il n'est pas moins convenable « de ne pas jeter les citoyens dans les frais d'une rectification sur « les registres, lorsqu'elle n'est pas absolument nécessaire ; — « Est d'avis que, dans le cas où le nom d'un des futurs ne serait « pas orthographié dans son acte de naissance comme celui de « son père, et dans celui où l'on aurait omis quelqu'un des pré- « noms de ses parents, le témoignage des père et mère, ou aïeuls « assistant au mariage et attestant l'identité, doit suffire pour pro- « céder à la célébration du mariage ; — Qu'il doit en être de même « dans le cas d'absence des père et mère ou aïeuls, s'ils attestent « l'identité dans leur consentement donné suivant la forme lé- « gale ; — Qu'en cas de décès des père et mère et aïeuls, l'identité « est valablement attestée pour les mineurs, par le conseil de « famille, ou par le tuteur *ad hoc* ; et pour les majeurs, par les « quatre témoins de l'acte de mariage ; — Qu'enfin, dans le cas « où les omissions d'une lettre ou d'un prénom se trouvent dans « l'acte de décès des père et mère ou des aïeuls, la déclaration « à serment des personnes dont le consentement est nécessaire « pour les mineurs, et celle de parties et des témoins pour les « majeurs, doivent aussi être suffisantes, sans qu'il soit néces- « saire, dans tous ces cas, de toucher aux registres de l'état civil, « qui ne peuvent jamais être rectifiés qu'en vertu d'un jugement.

» Les formalités susdites ne sont exigibles que lors de l'acte « de célébration, et non pour les publications qui doivent tou- « jours être faites conformément aux notes remises par les par- « ties aux officiers de l'état civil. »

Cet avis n'est pas limitatif, il s'applique non seulement aux actes de naissance des futurs et aux actes de décès des père et mère et aïeuls, mais encore à *toutes* les pièces produites par eux. Il importe de remarquer qu'il ne peut s'appliquer qu'à des irrégularités sans gravité et ne jetant pas un doute sérieux sur l'identité des parties. Dans les campagnes, principalement, où l'officier de l'état civil connaît tous ses administrés, nous recommandons d'employer cet avis le plus fréquemment possible, pour éviter des jugements de rectification. Mais, dans aucun cas, les déclarations faites par les parents ou témoins ne peuvent nuire aux parties qui ne les ont pas requises, et qui n'y ont pas concouru.

207. Formule de l'acte de mariage d'un mineur quand il existe des erreurs dans les actes produits. — *Après l'énumération des pièces produites, ajouter* : Le père et la mère du futur époux, ont attesté, conformément à l'avis du Conseil d'État du 30 mars 1808, sous la foi du serment, que c'est par erreur que dans l'acte de naissance de leur fils, son nom patronymique a été orthographié *Leroy* au lieu de *Leroi*.

208. Formule de l'acte de mariage d'un majeur, quand il existe des erreurs dans les actes produits. — *Après l'énumération des pièces, ajouter* : Les quatre témoins ci-après désignés ont attesté, conformément à l'avis du Conseil d'État du 30 mars 1808, sous la foi du serment, que c'est par erreur que l'acte de naissance du futur porte *Lallement Jean* et que ses véritables nom et prénoms sont *Lallemand Jean Emile*.

209. Les pièces produites sont sur papier timbré. — Toutes les pièces énumérées dans la présente section, sauf le certificat du notaire et l'autorisation de l'autorité militaire, doivent être délivrées sur papier timbré : les expéditions, sur des feuilles de 1 fr. 80, et les certificats ou extraits, sur des feuilles de 0 fr. 60. Les indigents seuls sont dispensés de cette formalité.

210. Mariage des indigents. — Nous donnons ci-après le texte de la loi du 10 décembre 1850 que les maires doivent parfaitement connaître.

ARTICLE 1er. — « Les pièces nécessaires aux mariages des indigents, à la légitimation de leurs enfants naturels et au retrait de ces enfants déposés dans les hospices, seront réclamées et réunies par les soins de l'officier de l'état civil de la commune dans laquelle les parties auront déclaré vouloir se marier. Les expéditions de ces pièces pourront, sur la demande du maire, être réclamées et transmises par les procureurs de la République ».

Les termes généraux de cet article démontrent que non seulement il y a lieu de réclamer soit en France, soit à l'étranger, les pièces relatives à la célébration même du mariage, mais encore les actes indispensables pour lever les obstacles qui s'opposeraient à l'union des parties, tels que les dispenses d'âge, de parenté, ou d'alliance. Si le maire est arrêté par une difficulté, il consulte aussitôt le procureur de la République et se conforme à ses avis.

Art. 3. — « Tous jugements de rectification ou d'inscription des actes de l'état civil, toutes homologations d'actes de notoriété, et généralement tous actes judiciaires ou procédures nécessaires au mariage des indigents seront poursuivis et exécutés d'office par le ministère public. »

Art. 4 (Modifié par l'art. 6 de la loi du 20 juin 1896). — « Les extraits des registres de l'état civil, les actes de notoriété et respectueux, de consentement, de publications, de délibérations du conseil de famille, les certificats de libération de service militaire, les dispenses pour cause de parenté, d'alliance ou d'âge, les actes de reconnaissance des enfants naturels, les actes de procédure, les jugements et arrêts dont la production sera nécessaire dans les cas prévus par l'article 1er, seront visés pour timbre et enregistrés gratis, lorsqu'il y aura lieu à enregistrement. Il ne sera perçu aucun droit de greffe, ni aucun droit de sceau au profit du Trésor, sur les minutes et originaux, ainsi que sur les copies et expéditions qui en seraient passibles. L'obligation du visa pour timbre n'est pas applicable aux publications civiles, ni au certificat constatant la célébration civile du mariage. Les actes respectueux, comme les actes de consentement, seront exempts de tous droits, frais et honoraires, à l'égard des officiers ministériels qui les recevront ; il en sera de même pour les actes de consentement reçus, à l'étranger, par les agents diplomatiques ou consulaires français. »

Art. 5. — « La taxe des expéditions des actes de l'état civil requise pour le mariage des indigents, est réduite quels que soient les détenteurs de ces pièces, à trente centimes quand il n'y aura pas lieu à légalisation, à cinquante centimes lorsque cette formalité devra être accomplie. Le droit de recherche alloué aux greffiers. . . . . , les droits de légalisation perçus au ministère des affaires étrangères, ou dans les chancelleries de France à l'étranger, sont supprimés. . . . . »

Art. 6. — « Seront admises au bénéfice de la loi les personnes qui justifieront d'un certificat d'indigence, à elles délivré par le commissaire de police, ou par le maire dans les communes où il n'existe pas de commissaire de police, sur le vu d'un extrait du rôle des contributions constatant que les parties intéressées paient moins de dix francs, ou d'un certificat du percepteur de leur commune portant qu'elles ne sont pas imposées. Le certificat d'indigence sera visé et approuvé par le juge de paix du canton. Il sera fait mention dans le visa de l'extrait des rôles ou du certificat négatif du percepteur. »

Art. 7. — « Les actes, extraits, copies ou expéditions ainsi délivrés, mentionneront expressément qu'ils sont destinés à servir à la célébration d'un mariage entre indigents, à la légitimation ou au retrait de leurs enfants naturels déposés dans les hospices. Ils ne pourront servir à autres fins sous peine de vingt-cinq francs d'amende, outre le paiement des droits, contre ceux qui en auront fait usage, ou qui les auront indûment délivrés ou reçus. . . »

Art. 8. — « Le certificat prescrit par l'article 6 sera délivré en plusieurs originaux, lorsqu'il devra être produit à divers bureaux d'enregistrement. Il sera remis au bureau de l'enregistrement, où les actes, extraits, copies ou expéditions devront être visés pour timbre et enregistrés gratis. Le receveur en fera mention dans le visa pour timbre et dans la relation de l'enregistrement. Néanmoins, les réquisitions des procureurs de la République tiendront lieu des originaux ci-dessus prescrits, pourvu qu'elles mentionnent le dépôt du certificat d'indigence à leur parquet. L'extrait du rôle ou le certificat négatif du percepteur sera annexé aux pièces déposées pour la célébration du mariage. »

Art. 9. — « La présente loi est applicable au mariage entre Français et étrangers. »

210 *bis*. Droits d'expédition. — Il y a lieu de remarquer dans cette loi que si toutes les pièces nécessaires aux mariages des indigents sont délivrées et enregistrées gratis, elle ne dispense pas de payer la taxe des expéditions des actes de l'état civil, quels que soient les détenteurs de ces pièces. Cette taxe est de trente centimes lorsqu'il n'y a pas lieu à légalisation, et de cinquante centimes lorsque cette dernière formalité doit être accomplie.

211. Certificats nécessaires aux parties indigentes pour obtenir leurs pièces sans frais. — Le bénéfice de la loi du 10 décembre 1850 n'est acquis que moyennant la production des certificats prescrits par l'article 6. Ces certificats sont généralement contenus sur une même feuille. Il existe, à cet égard des imprimés dans presque toutes les mairies.

MAIRIE DE. . . . .

CERTIFICATS délivrés en vertu de la loi du 10 décembre 1850.

Le percepteur des contributions directes de. . . . , soussigné, certifie que le sieur (*nom, prénoms, profession et domicile du futur ou de la future*) n'est pas imposé sur les rôles dont le recouvrement lui est confié. *Ou* : est imposé pour la somme de. . francs. . centimes, sur les rôles dont le recouvrement lui est confié.

Fait à . . . . . le . . . . . 189. .

Le Percepteur.

Nous. . . . . , commissaire de police de. . . . . , *ou* : maire de la commune de. . . . . . arrondissement. . . . . . département de. . , vu le certificat de non-imposition qui précède ; *ou*, l'extrait du rôle des contributions qui précède et constatant que le sieur (*nom et prénoms du futur ou de la future*) paye moins de dix francs d'impôts ; vu la loi du 10 décembre 1850, et tous renseignements pris, certifions l'indigence de (*nom, prénoms, profession du futur ou de la future*), domicilié en cette commune. En foi de quoi, il lui a été délivré le présent certificat, pour obtenir en franchise de tous droits de greffe, timbre, enregistrement, les actes dont la production est nécessaire pour son mariage.

Fait à . . . . . le . . . . . 189. .

(*Cachet de la mairie.*) Le Maire.

Nous, juge de paix du canton de. . . . . , vu le certificat du percepteur de . . . . , constatant que le sieur . . . . . n'est pas imposé, visons et approuvons le présent certificat, en exécution de l'article 6 de la loi du 10 décembre 1850.

Fait à. . . . . le. . . . . 189. .

(*Cachet de la justice de paix.*) Le Juge de paix.

211 *bis*. **Visa du juge de paix.** — Lors de la discussion de la loi du 20 juin 1896, on s'est demandé s'il n'y avait pas lieu de supprimer le *visa* du juge de paix dans les certificats d'indigence. A notre avis, cette réforme s'imposait, car, d'une part, les juges de paix visent généralement les certificats sur le vu de l'extrait négatif du percepteur et de l'attestation du maire : et, d'autre part, les parties indigentes sont obligées de se transporter au chef-lieu de canton quand elles n'y résident pas ce qui leur occasionne une perte de temps et d'argent. Mais le visa a été maintenu.

Néanmoins la circulaire de M. le Garde des Seaux du 23 juillet 1896 a simplifié l'accomplissement de cette formalité. Désormais, au lieu de remettre le certificat d'indigence au futur indigent, le maire qui a dressé cette pièce doit l'envoyer, par la poste, au juge de paix, en y joignant le certificat du percepteur. Après avoir apposé son visa sur le certificat d'indigence, le juge de paix le renvoie à la mairie, où il est mis à la disposition de l'intéressé. Cette double transmission a lieu sans frais, les maires et le juge de paix du canton jouissant entre eux de la franchise postale pour la correspondance qui intéresse leurs services.

Le juge de paix a toujours le droit, bien entendu, de faire venir le futur auprès de lui ; mais il ne doit user de cette mesure qu'à titre exceptionnel.

L'application exacte des prescriptions de cette circulaire évitera des déplacements onéreux à des personnes pour lesquelles une perte de temps entraîne toujours une perte de salaire.

SECTION V

Célébration du mariage.

212. Choix du jour et de l'heure du mariage. — Le mariage peut être célébré tous les jours ; mais il est d'usage de respecter le repos du dimanche et des fêtes. C'est aux parties qu'il appartient de choisir le jour ; l'heure est fixée par l'officier de l'état civil, après entente avec les parties. Il est permis de marier la nuit ; néanmoins, nous conseillons de ne pas abuser de cette tolérance qui, en fait, est contraire à la publicité des mariages.

213. Dans quelle commune le mariage peut-il être célébré? — Le mariage doit être célébré devant l'officier de l'état civil du domicile de l'une des deux parties. Mais les mineurs demeurant dans une commune ne sont pas obligés de se marier au domicile de leur père ou tuteur. Ils peuvent se marier dans la commune où ils sont, si toutefois ils ont le temps voulu de résidence. Nous renvoyons au numéro 181 dans lequel nous avons examiné cette question.

214. Lieu de la célébration. — Le mariage est célébré publiquement à la mairie. Mais lorsque l'un des futurs est gravement malade ou impotent, ou lorsqu'il se trouve dans un état de santé tel qu'il lui est impossible, sans danger pour sa vie, de se transporter à la mairie, l'officier de l'état civil est autorisé à célébrer le mariage dans la maison du futur. Dans ce cas, il est nécessaire d'exiger la production d'un certificat de médecin attestant l'infirmité, ou la maladie, et l'impossibilité du transport.

Ce certificat, écrit sur une feuille de papier timbré, doit être reproduit textuellement dans l'acte de mariage et rester annexé aux pièces. En outre, l'acte de mariage doit mentionner que la célébration a eu lieu dans une maison privée, indiquer exactement où cette maison est située, et certifier que toutes les portes en sont demeurées ouvertes, pour assurer la publicité.

215. Formule à employer dans l'acte de mariage, quand la célébration a eu lieu dans une maison particulière. — L'an mil huit cent. . . . , et le. . . . . . à. . . . heures du. . , par devant nous, maire. . . . . , etc. . . . . . . , étant dans la maison du sieur . . . , sise. . . . . dans cette commune, où nous nous sommes transporté à cause de l'état de santé du sieur *(indiquer le nom du futur)* ci-après désigné, qui l'empêche de se rendre en la maison commune ; vu le certificat de M. . . . . . , docteur en médecine à. . . . . , délivré le. . . . . , lequel est ainsi conçu : *(copier textuellement le certificat)* ; les portes de la maison étant ouvertes au public, sont comparus . . . . . etc.

216. Parties et témoins. — On ne peut se marier par procuration, aussi est-il indispensable que les deux futurs se présentent en personne, à la mairie, à l'heure indiquée par l'officier de l'état civil, accompagnés des parents dont le consentement ou le conseil est nécessaire, et des quatre témoins. Les parents ne sont pas tenus de comparaître personnellement en produisant un consentement spécial et authentique. (Voir nos 150 et suivants.)

217. Célébration du mariage. — La célébration du mariage est très compliquée, et comprend de nombreuses formalités qu'il importe d'observer sous peine d'amende, de prison, et même de nullité du mariage. En voici une énumération succincte :

a) Constatation de l'identité des parties, par l'indication de leurs noms, prénoms, professions, âges, domiciles, lieu de naissance, noms et prénoms de leurs pères et mères ;

b) Lecture des pièces produites, tant pour contrôler l'identité que pour vérifier si toutes les formalités de publication ont été remplies ;

c) Interpellation des parents présents à l'effet de savoir s'ils consentent au mariage de leurs enfants ;

d) Lecture du chapitre VI du Code civil, sur les devoirs respectifs des époux ;

e) Interpellation des futurs et des parents qui autorisent le mariage pour savoir s'il a été fait un contrat de mariage ; et, s'il en a été fait un, lecture du certificat du notaire ;

f) Interpellation faite à l'époux en ces termes : « Monsieur. . . consentez-vous à prendre pour femme légitime, Mademoiselle *ou* Madame. . . . . ici présente ? »

g) Interpellation faite à l'épouse en ces termes : « Mademoiselle *ou* Madame. . . . . consentez-vous à prendre pour votre mari légitime, Monsieur. . . . . ici présent ? »

h) Après les réponses affirmatives de chacun des époux, l'officier de l'état civil prononce l'union : « Au nom de la loi, nous déclarons Monsieur. . . . . et Mademoiselle. . . . . unis par le mariage » ;

i) La légitimation des enfants, s'il y a lieu ;

j) Indication de l'identité des témoins, puis lecture et signature de l'acte.

218. Formule d'un acte de mariage. — L'an mil huit cent . . . ., et le . . . . ., à . . . heures du . . . . . ., devant nous (*nom et prénoms*), maire et officier de l'état civil de la commune de . . . . ., arrondissement de . . . . ., département de . . . . ., sont comparus publiquement dans la maison commune, pour contracter mariage : le sieur (*nom, prénoms, âge, profession, domicile, lieu et date de naissance du futur*), fils majeur ou mineur et légitime (majorité de 25 ans) de (*nom, prénoms, profession et domicile du père du futur*) et de (*nom, prénoms, profession, domicile et qualité d'épouse, de la mère du futur*), ici présents et consentant, d'une part ; et Mademoiselle ou Madame (*nom, prénoms, âge, profession, domicile, lieu et date de naissance de la future*), fille majeure ou mineure et légitime de (*nom, prénoms, profession et domicile du père de la future*) et de (*nom, prénoms, profession et domicile de la mère de la future*) ici présents et consentant, d'autre part; lesquels nous ont requis de procéder à la célébration de leur mariage dont les publications ont été faites en cette mairie les dimanches . . . . mil huit cent . . . . ., et en la mairie de . . . . ., les dimanches . . . . mil huit cent . . . . ., sans qu'il soit survenu d'opposition. Les futurs époux nous ont représenté : leurs actes de naissance, un certificat du maire de la commune de . . . . . constatant que les publications ont été légalement faites aux dates susindiquées, etc., etc. (*énumérer avec soin toutes les pièces produites*) lesquelles ont été lues, paraphées par nous et les parties qui les ont produites, et annexées au présent acte. Aucune opposition ne nous ayant été signifiée, et faisant droit à la réquisition des parties, nous leur avons donné lecture du chapitre six du Code civil sur les droits et devoirs respectifs des époux ; sur notre interpellation les comparants nous ont déclaré qu'il n'a été fait aucun contrat de mariage entre eux ; *ou* : que par acte en date du . . . . ., Maître . . . ., notaire à . . . . ., a reçu leur contrat de mariage, et à l'appui de cette déclaration ils nous ont représenté un certificat de ce notaire qui sera paraphé par nous et les parties et restera annexé aux pièces. Nous avons alors demandé au futur époux et à la future épouse s'ils veulent se prendre pour mari et femme : chacun d'eux ayant répondu séparément et affirmativement, nous déclarons au nom de la loi que (*nom et prénoms de l'époux*) et (*nom et prénoms de l'épouse*) sont unis par le mariage. De quoi nous avons immédiatement dressé le présent acte en présence de (*noms, prénoms, âges, professions, domiciles et parenté des deux témoins de l'époux*), témoins du côté de l'époux, et de (*noms, prénoms, âges, professions, domiciles et parenté des deux témoins *de l'épouse*), témoins du côté de l'épouse ; et après avoir donné lecture du présent acte, les époux, leurs pères et mères et les quatre témoins l'ont signé avec nous.

(*Suivent les signatures.*)

(*Nota*). *Nous avons souvent constaté que les officiers de l'état civil font signer l'acte de mariage par des personnes amies des familles qui ne sont pas dénommées dans l'acte. C'est une contravention qu'il importe d'éviter.*

219. Formule en cas de décès du père ou de la mère —. . . fils majeur et légitime de (*nom, prénoms, ancienne profession et ancien domicile du père*), décédé à . . . . ., le . . . . . mil huit cent . . . . et de (*nom, prénoms, etc. de la mère*), ici présente et consentante. . . .

Dans l'énumération des pièces, ajouter . . . . : une expédition de l'acte de décès du sieur . . . . ., père du futur, décédé en la commune de . . . . ., le . . . . . mil huit cent. . . . .

220. Formule en cas de consentement par acte spécial et authentique —. . . . fils majeur et légitime (*nom, prénoms etc. du père du futur*), non présent, mais consentant au mariage par acte notarié *ou* par acte authentique reçu par l'officier de l'état civil de la commune de . . . . . et de (*nom, prénoms, etc. de la mère*).

Dans l'énumération des pièces, ajouter . . . . . un acte en brevet reçu par Maître . . . ., notaire à. . . . . et son collègue ; *ou* : en présence de deux témoins, le . . . . . mil huit cent. . . . ., enregistré; *ou* : un acte authentique reçu par l'officier de l'état civil de la commune de . . . . ., département de . . . . ., le . . . . . mil huit cent quatre-vingt. . . .

221. Formule en cas de dissentiment de la mère —. . . . . fils majeur et légitime de (*nom, prénoms, etc. du père*) ici présent et consentant, et de (*nom, prénoms, etc. de la mère*) ayant refusé son consentement au mariage ainsi qu'il résulte d'un acte notarié ci-après désigné.

Dans l'énumération des pièces, ajouter : . . . . . un acte respectueux en date du . . . . . mil huit cent. . . . ., enregistré, reçu par Maître. . . . ., notaire à. . . . ., et son collègue; *ou* : en présence de deux témoins, constatant que la dame . . . . . a refusé son consentement.

222. Formule en cas de consentement par les aïeuls quand le père et la mère sont décédés—. . . . . fils majeur de (*nom et prénoms*), en son vivant (*profession et domicile*), décédé à . . . , le . . . . ., et de (*nom et prénoms de la mère*), en son vivant (*profession et domicile*), décédée à . . . . ., le. . . . . ; (*Ou* : décédée en cette commune le . . . . .), petit-fils du côté paternel de (*nom, prénoms, profession et domicile de l'aïeul paternel*) ici présent et consentant, et de (*nom, prénoms, profession et domicile de l'aïeule paternelle*), décédée à . . . . . le . . .; et du côté maternel, de (*nom, prénoms, profession et domicile de l'aïeul maternel*), décédé à . . . . ., le . . . . ., et de (*nom, prénoms, profession de l'aïeule maternelle*), ici présente et consentante. (V. formule 224 pour l'énumération des pièces.)

223. Formule du consentement de la mère quand le père est frappé d'incapacité —. . . . fils mineur de (*nom, prénoms, profession et domicile du père*), lequel est dans l'impossibilité de manifester sa volonté, et de (*nom, prénoms, profession et domicile de la mère*), ici présente et consentante.

Dans l'énumération des pièces, ajouter : un extrait du jugement du tribunal de. . . . ., en date du. . . . ., prononçant l'interdiction du sieur . . . . ., père du futur. *Ou* : un certificat du Directeur de l'asile de. . . . ., en date du. . . . ., constatant l'aliénation mentale de. . ., père du futur. *Ou* : un extrait d'arrêt de la Cour d'assises de. . . . ., en date du . . . . ., duquel résulte que le sieur . . . . ., père du futur, est en état d'interdiction légale. *Ou* : un acte de notoriété, enregistré, dressé par M. le juge de paix du canton de . . . . ., en date du . . . . ., constatant que l'état intellectuel de . . . . ., père du futur, ne lui permet pas de donner son consentement en connaissance de cause.

224. Formule en cas d'impossibilité de représenter les actes de décès du père et de la mère ou du père seulement — . . . . fils mineur de (*nom, prénoms, ancienne profession et ancien domicile du père*), décédé à . . . . ., le. . . . . ; *ou* : décédé en . . . . ., à. . . . ., et de (*nom, prénoms, profession et domicile de la mère*), décédée à . . . . ., le . . . . . (*indiquer ensuite les aïeuls qui sont présents ou consentant*).

Dans l'énumération des pièces, ajouter : quant aux actes de décès des père et mère du futur époux, ils n'ont pas été produits, le futur ayant déclaré qu'il lui avait été impossible de se les procurer pour (*indiquer le motif*) ; et pour suppléer à ce défaut de production, le sieur . . . . ., aïeul paternel et la dame . . . . ., aïeule maternelle attestent, conformément à l'article 5 de la loi du 20 juin 1896, et pour la branche à laquelle ils appartiennent, que le père du futur époux est décédé à . . .

le . . . . .; *ou* : à . . . . . ., en . . . . . ., et que sa mère est également décédée à . . . . . ., le . . . . .; *ou* : à . . . . . ., en . . . . .

225. Formule quand les futurs sont mineurs de 21 ans et quand tous les parents sont décédés ou hors d'état de manifester leur volonté —. . . . . fils mineur de (*nom, prénoms, ancienne profession et ancien domicile du père*), décédé à . . . . ., le . . . . ., et de (*nom, prénoms, ancien domicile de la mère*), décédée à . . . . . ., le . . . . ; le dit futur n'ayant plus aucun ascendant, autorisé à contracter mariage, par délibération du conseil de famille prise devant M. le juge de paix du canton de . . . . . . le . . . . . ., enregistrée.

Dans l'énumération des pièces, et après les actes de décès des parents, ajouter : l'expédition d'une délibération prise par le conseil de famille, devant M. le juge de paix du canton de . . . . . ., le . . . . . .

226. Formule quand les futurs sont majeurs et quand tous les ascendants sont morts, ou absents, ou dans l'impossibilité de manifester leur volonté —. . . . . fils majeur de . . . ., décédé à . . . . . ., le . . . . ., et de . . . . . ., décédée à . . . . . ., le . . . . . ., petit-fils du côté paternel de . . . . . ., décédé à. . . . . . et de . . . . . qui se trouve dans l'impossibilité de manifester sa volonté, et, du côté maternel, de. . . . . ., décédé à. . . . . ., le. . . . . ., et de. . . . . ., décédée à. . . . . ., le. . . . .

Après l'énumération des pièces, ajouter : le futur époux nous a affirmé par serment, conformément à l'article 5 de la loi du 20 juin 1896, que le lieu du décès et celui du dernier domicile des aïeuls paternel et maternel lui sont inconnus, déclaration certifiée, sous serment, par les quatre témoins ci-après nommés, lesquels affirment que, bien qu'ils connaissent le futur époux, ils ignorent le lieu du décès et le dernier domicile de ses aïeuls.

227. Formule d'un acte de mariage après un acte respectueux—. . . . . fils majeur de (*noms, prénoms, professions et domicile des père et mère du futur*), lequel, à défaut du consentement de ses père et mère, nous a produit un acte respectueux fait à sa requête et ci-après énuméré.

Après l'énumération des pièces produites, ajouter : l'acte respectueux notifié aux sieur et dame. . . . . à la requête du futur, par le ministère de Me. . . . ., notaire à. . . . . ., et son collègue ; *ou* : en présence de deux témoins, le. . . . . mil huit cent quatre vingt. . . . . ., enregistré.

228. Formule d'un acte de mariage quand un des futurs est veuf ou divorcé—. . . ., fils majeur de. . . . . et de . . . ., ici présents et consentant, veuf en premières noces de (*nom et prénoms de la première épouse*), décédée à. . . . ., le. . . . .; *ou* : époux divorcé de (*nom et prénoms de sa première épouse*).

Dans l'énumération des pièces, ajouter : L'expédition d'un acte de décès, délivré par le maire de la commune de. . . . . constatant que la première épouse du futur est décédée à. . . . ., le. . . . .

Ou : L'expédition enregistrée d'un acte de transcription de jugement de divorce transcrit le. . . . . mil huit cent. . . . ., sur les registres de l'état civil de la commune de. . . . .

229. Formule à employer dans l'acte de mariage, quand l'un des futurs, enfant naturel, a été reconnu par son père ou par sa mère ou par l'un et l'autre. — 1° *Non reconnu par son père* : fils de père non désigné et de (*nom, prénoms, profession et domicile de la mère qui a reconnu*). ici présente et consentant ; 2° *Reconnu par le père et la mère* : . . . . . fils naturel reconnu de (*nom, prénoms, profession et domicile du père*) et de (*nom, prénoms, profession et domicile de la mère*), célibataire ; 3° *père et mère inconnus* : . . . . . fils majeur de père et mère inconnus ; *ou* : fils mineur de père et mère inconnus, assisté et autorisé du sieur (*nom, prénoms, profession et domicile du tuteur*), tuteur *ad hoc*, nommé à cette fonction par délibération du conseil de famille, prise sous la présidence de M. le juge de paix de . . . . . ., le. . . . . ., enregistré.

Enumérer la délibération dans les pièces produites.

230. Formule à employer dans l'acte de mariage d'un enfant trouvé —. . . . . fils majeur *ou* mineur de père et mère inconnus, né en. . . . . ., à. . . . .

Dans l'énumération des pièces, ajouter : L'expédition d'un acte du registre des naissances de la commune. . . . . contenant un procès-verbal dressé le. . . . ., conformément à l'article 58 du Code civil, pour suppléer à l'acte de naissance du futur.

231. Formule en cas de dispenses d'âge, de parenté ou d'alliance. — 1° *Dispenses d'âge.* (*Après les nom et prénoms de la future épouse, ajouter*) : âgée de quatorze ans, née à. . . . ., le. . ., munie d'une dispense d'âge énumérée plus loin.

Dans l'énumération des pièces, ajouter : l'expédition d'un décret de Monsieur le Président de la République, en date du. . . . ., enregistrée au greffe du tribunal de. . . . ., portant dispenses d'âge.

2° *Dispenses de parenté ou d'alliance.* (*Après les noms, prénoms, âges, professions et domiciles des époux, ajouter* :) Parents au degré d'oncle et de nièce ; *ou*, alliés au degré de beau-frère et belle-sœur, mais munis d'une dispense ci-après énumérée.

Dans l'énumération des pièces, ajouter : l'expédition d'un décret de Monsieur le Président de la République, en date du. . . . ., enregistrée au greffe du tribunal de. . . . ., portant dispenses de parenté *ou* d'alliance.

232. Formule pour un acte de mariage d'un étranger ne parlant pas la langue française.— (*Après le prononcé de l'union, mettre* :) certifions que l'époux de nationalité. . . . . ne parle pas la langue française et que les questions et interpellations posées par nous, et les réponses et déclarations par lui faites, ont été traduites en français par le sieur (*nom, prénoms, âge, profession et domicile de l'interprète*), lequel a rempli la mission d'interprète, après avoir prêté serment entre nos mains.

233. Mention à insérer dans un acte de mariage qui a été précédé d'une opposition suivie de mainlevée. — *Après l'énumération des pièces, ajouter* : vu l'opposition signifiée le. . . . à la requête de. . . ., par le ministère de. . . ., huissier à . . . .; *Ou* : ouï la déclaration dudit sieur (*nom de l'opposant*) ici présent et renonçant à son opposition. *Ou* : vu la mainlevée de ladite opposition donnée devant Me. . . . ., notaire à. . . . ., le. . . . ., enregistrée. *Ou* : vu l'expédition du jugement du tribunal de. . . . ., en date du. . . . ., enregistrée, donnant mainlevée de ladite opposition et l'original de la signification dudit jugement constatant qu'il est définitif.

234. Légitimation des enfants par le mariage. — Les enfants naturels sont légitimés de plein droit par le mariage subséquent de leurs père et mère, s'ils ne sont ni incestueux ni adultérins, et s'ils ont été régulièrement reconnus avant le mariage ou dans l'acte même du mariage.

Les officiers de l'état civil doivent donc veiller à ce que la reconnaissance lorsqu'elle se produit au moment du mariage soit consignée dans l'acte de la célébration, car si elle se produisait postérieurement au mariage elle serait sans effet, et l'enfant ne pourrait pas être légitimé.

Si la reconnaissance était antérieure au mariage, il ne serait pas indispensable de la mentionner dans l'acte puisque le mariage des père et mère légitime de plein droit ; mais pour éviter toutes difficultés ultérieures, nous conseillons aux officiers de l'état civil de réitérer la reconnaissance dans l'acte même de la célébration. (Voir n° 84 pour l'enregistrement de la reconnaissance.)

235. Enfant légitimé après sa mort. — Un enfant naturel reconnu peut être légitimé après sa mort. Cette légitimation profite à ses descendants légitimes seulement. (Voir n° 85.)

236. Formule de la mention de reconnaissance et de légitimation dans l'acte de mariage. — *Immédiatement après le prononcé de l'union, mettre* : Et à l'instant les époux ont déclaré reconnaître et légitimer un enfant du sexe. . . . ., né d'eux, le. . . . . mil huit cent. . . . ., inscrit sur les registres de l'état civil de la commune de. . . . ., à la date du . . . . ., sous les prénoms de. . . . .

Si l'enfant a déjà été reconnu par sa mère, ajouter : lequel enfant a déjà été reconnu par sa mère, par acte en date du. . . . . mil huit cent. . . . ., inscrit sur les registres de la commune de. . . . .

237. Mention de la légitimation. — Comme la reconnaissance, la légitimation doit être mentionnée en marge de l'acte de naissance de l'enfant légitimé, ainsi que sur son acte de mariage, s'il est marié, et sur les actes concernant ses enfants légitimes, quand il en a. Pour les enfants légitimés après leur mort, mention doit être faite sur tous les actes les concernant et sur ceux de leurs enfants légitimes. Ces mentions doivent être opérées sur les deux doubles, et dans ce but, l'officier de l'état civil adresse un duplicata certifié conforme de la mention au procureur de la République (1).

(1) Dans la Cour d'appel de Douai, une circulaire du procureur général, en date du 26 mai 1893, enjoint aux officiers de l'état civil de ne procéder à l'inscription des mentions de reconnaissance ou de légitimation, en marge des actes de naissance, que sur le vu d'une expédition timbrée et enregistrée de l'acte de reconnaissance.

238. Formule de la mention de légitimation. — Par acte de mariage célébré en la mairie de . . . . ., le . . . . . 189. ., les nommés (*noms et prénoms du père et de la mère*) ont reconnu et légitimé l'enfant dont l'acte de naissance est ci-contre.

Fait à. . . . . le. . . . . 189 .

Le Maire.

239. Importance de l'acte de mariage. — Nul ne peut réclamer le titre d'époux et les effets civils du mariage, s'il ne représente un acte de célébration, inscrit sur les registres de l'état civil, sauf quand les registres ont été perdus ou détruits. Cette règle a une conséquence fort grave, car en dehors de la perte ou de la destruction des registres, le mariage ne peut être prouvé ni par témoins, ni par aucune autre preuve s'il n'existe pas d'acte de célébration.

Donc un officier de l'état civil qui négligerait de rédiger un acte de mariage s'exposerait à une action en dommages-intérêts sans préjudice de peines plus graves ; car personne, ni les parties, ni le procureur de la République ne pourraient être admis à prouver et à poursuivre devant le tribunal civil le rétablissement de l'acte, contrairement à ce qui se fait pour les actes de décès et de naissance.

240. Livrets de famille. — Une circulaire ministérielle du 18 novembre 1876 a prescrit aux officiers de l'état civil de remettre au mari, après la célébration du mariage, un livret de famille, destiné à recevoir successivement, par extraits, les énonciations principales des actes de l'état civil concernant la nouvelle famille qui vient de se former. Cette innovation est utile à un double titre : elle permet de justifier facilement de l'identité des individus, et elle empêche les erreurs dans l'orthographe des noms et dans les dates des actes. Aussi est-il prescrit au mari de représenter son livret chaque fois qu'il a une déclaration à faire à l'état civil.

L'article 136 de la loi du 5 avril 1884 a compris les livrets de famille au nombre des dépenses obligatoires pour les communes.

241. Nullités dans les actes de mariage. — Il existe deux classes de nullités au mariage : *a*) les nullités *relatives* résultant du vice de consentement de l'un des futurs, du vice de consentement des personnes sous la puissance desquelles se trouvent les futurs ; *b*) les nullités *absolues* résultant de l'impuberté, de l'existence d'une première union non dissoute, de la parenté ou de l'alliance à un degré prohibé, du défaut de publicité dans la célébration du mariage et du défaut de compétence de l'officier de l'état civil.

Toutes ces nullités peuvent être invoquées par les époux eux-mêmes, par les pères et mères, par les ascendants et par tous ceux qui y ont un intérêt *né et actuel*. Le procureur de la République ne peut provoquer la nullité qu'en cas de nullité absolue et du vivant des deux époux (Voir n° 311, *in fine*).

Nous avons énoncé dans le cours de ce chapitre toutes les pénalités résultant de l'inobservation de la loi.

SECTION VI

Mariages des Français à l'étranger et des étrangers en France.

242. Mariage des Français à l'étranger. — Quand les Français se marient à l'étranger, ils doivent faire transcrire l'acte de la célébration de leur mariage sur les registres de l'état civil de leur commune, dans les trois mois, après leur retour en France. S'ils laissent écouler ce délai sans le faire transcrire, l'officier de l'état civil doit refuser d'opérer la transcription qui ne peut plus être opérée qu'en vertu d'un jugement du tribuna civil.

Si l'acte est en langue étrangère, il y a lieu de le faire traduire avant de le transcrire, comme nous l'avons dit au numéro 201.

Si le mariage a eu lieu à l'étranger, conformément aux lois françaises, devant nos agents diplomatiques ou nos consuls français qui sont officiers de l'état civil, les parties intéressées n'ont pas à se préoccuper de la transcription qui est opérée par les soins du ministère des affaires étrangères.

243. Formule de la transcription d'un acte de mariage de Français reçu à l'étranger. — L'an mil huit cent. . . . ., le. . . . ., à. . . . . heures du. . . . . Par nous (*nom et prénoms*), maire et officier de l'état civil de la commune de . . . . . . arrondissement de. . . . ., département de. . . . ., a été transcrit, en vertu de l'article 171 du Code civil, sur la traduction faite par un expert juré, sur le présent registre l'acte de mariage de (*noms, prénoms, âges, professions et domiciles des deux époux*) contracté à. . . . . (*indiquer nettement la ville, la province et le pays*) devant. . . . . (*indiquer les autorités qui ont reçu l'acte de mariage*), lequel acte est ainsi conçu « (*copier textuellement et littéralement la traduction de l'acte de mariage*) ». Ladite traduction et l'expédition de l'acte original dûment légalisées et visées pour timbre, demeureront annexées au présent registre après avoir été paraphées par nous et les parties. Et après lecture faite . . . . . etc. . . . . .

244. Mariage des étrangers en France. — Les étrangers qui se marient en France sont soumis à une double législation : à la législation française pour tout ce qui concerne les publications, les délais, le nombre des témoins, la célébration du mariage et la rédaction de l'acte ; à la législation de leur pays, pour ce qui est relatif à la capacité personnelle, c'est-à-dire aux conditions d'âge, de parenté, d'autorisation de parents, etc.

L'officier de l'état civil n'a pas à exiger de certificat spécial constatant la capacité des étrangers à contracter mariage : il procède à la célébration du mariage aux risques et périls des futurs, en observant strictement toutes les formalités relatives au mariage. Mais il agira prudemment en rappelant aux futurs les dangers auxquels ils s'exposent en négligeant de remplir les formalités de la législation de leur pays. Ainsi un mariage contracté en France, entre des individus originaires de la Suisse, de Bade, de la Bavière, du Wurtemberg et de la Hesse, ou entre un étranger d'un de ces pays avec une Française, est frappé d'une nullité absolue, s'il est contracté sans l'autorisation de leur gouvernement.

245. Formes du mariage des étrangers. — Les étrangers qui se marient en France, sont tenus de se conformer à toutes les formes du mariage, de fournir toutes les pièces exigées par notre législation et notamment des dispenses de parenté ou d'alliance, si besoin est.

Les pièces produites par eux et provenant de l'étranger, doivent revêtir trois formalités : 1° être traduites en français ; 2° être timbrées en France ou visées pour timbre ; 3° être légalisées à l'étranger par le consul et visées au ministère des affaires étrangères à Paris.

Cette dernière règle a été abrogée en ce qui concerne les Belges, les Luxembourgeois et les Alsaciens-Lorrains. En effet, à cause de la fréquence des relations entre ces pays et la France, il a été décidé que les actes à produire, pour contracter mariage en France par les Belges et les Alsaciens-Lorrains, et en Belgique, dans le Grand-Duché de Luxembourg et en Alsace-Lorraine par les Français, seront admis par les officiers de l'état civil de ces pays respectivement, lorsqu'ils auront été légalisés soit par un président d'un tribunal, soit par un juge de paix ou son suppléant. Aucune autre légalisation ne doit être exigée par les officiers de l'état civil, sauf s'il y avait lieu de douter de l'authenticité de la pièce produite.

L'étranger qui ne parle pas la langue française doit être assisté d'un interprète à qui l'officier de l'état civil fait prêter le serment de bien et fidèlement remplir la mission qui lui est confiée. Il doit en être fait mention dans l'acte de mariage que l'interprète doit signer avec les parties et les témoins. (Voir la formule n° 232.)

246. Etrangers indigents. — Lorsqu'il s'agit d'un mariage entre Français et étranger, la loi du 10 décembre 1850 est applicable, ainsi que nous l'avons vu dans l'article 9 de cette loi ; mais elle ne peut être invoquée quand les deux futurs sont étrangers. Il y a exception toutefois, en ce qui concerne les mariages entre Belges, contractés en France.

247. Règles spéciales aux Italiens. — Les Italiens qui veulent se marier en France sont tenus de faire procéder, sous peine de nullité de leur mariage en Italie, dans le lieu de leur dernier domicile dans ce royaume, aux publications prescrites par la loi italienne. Cette obligation subsiste quel que soit l'âge des époux et quel que soit le temps depuis lequel ils résident en France. En conséquence les officiers de l'état civil doivent, avant de procéder au mariage, exiger un certificat en due forme, constatant que cette obligation a été remplie.

Si les futurs font de vaines démarches pour obtenir ces publications, et si les autorités italiennes se refusent d'y faire procéder, l'officier de l'état civil pourrait procéder au mariage, après avoir acquis la certitude que toutes les démarches ont été faites pour les obtenir. Ces pièces sont demandées directement par les parties elles-mêmes aux consuls italiens résidant en France.

Il est inutile d'exiger des Italiens, majeurs quant au mariage, la preuve du consentement ou du décès de leurs ascendants ; le Code italien ne leur impose pas cette obligation.

248. Règles spéciales aux Suisses. — Les officiers de l'état civil peuvent procéder au mariage des Suisses sans exiger le consentement préalable des parents du futur époux ou leurs actes de décès, s'ils ont vingt ans révolus. Il suffira de produire l'acte de naissance constatant l'âge et un certificat délivré par la légation de Suisse à Paris, justifiant de la nationalité.

SECTION VII

Du divorce et de la séparation de corps.

249. Divorce. — Sous l'empire de la loi du 27 juillet 1884 rétablissant le divorce, l'époux qui avait obtenu un jugement ou arrêt de divorce devait, quand cette décision avait acquis force de chose jugée, se présenter devant l'officier de l'état civil, l'autre partie dûment appelée, pour faire prononcer le divorce. La loi du 18 avril 1886 a modifié cette disposition. Aujourd'hui, la formalité de la prononciation du divorce par l'officier de l'état civil est supprimée et le divorce est prononcé par le jugement ou l'arrêt.

Cependant, ce n'est pas le jugement ou l'arrêt qui a prononcé le divorce qui fait passer légalement les époux de l'état de mariage à l'état de divorce ; il faut de plus que le *dispositif* de ce jugement ou de cet arrêt, *soit transcrit* sur les registres de l'état civil du lieu où le mariage a été célébré ; et à défaut par les parties *d'avoir requis cette transcription* dans le délai de deux mois, le divorce est considéré comme nul et non avenu.

250. Délai dans lequel doit être faite la signification. — Aux termes de l'article 252 du Code civil, la décision qui prononce le divorce, doit être signifiée dans le délai de deux mois à *partir du jour où elle est devenue définitive*, à l'officier de l'état civil compétent, pour être transcrite sur les registres.

Mais, à quel moment une décision est-elle devenue *définitive* ? C'est une question délicate qui embarrasse souvent les maires puisqu'ils sont obligés de contrôler si la signification leur a été faite dans le délai légal de deux mois. Aussi, nous avons résumé sous les alinéas suivants les règles qui leur serviront à reconnaître quand la décision est devenue définitive.

a) Jugement contradictoire. Si la décision qui a prononcé le divorce *émane du tribunal de première instance*, et si elle a été rendue *contradictoirement*, elle devient définitive le lendemain du jour où expirent les délais d'appel. Or les délais d'appel courent pour les jugements contradictoires à partir de la signification du jugement à personne ou à domicile. Ces délais sont de deux mois. Ils s'entendent non point de deux mois calculés d'après le calendrier ; ils sont francs, c'est-à-dire que le jour de la signification et celui de l'échéance ne sont pas comptés dans ce délai.

C'est donc du lendemain du jour de l'échéance des délais d'appel que court le délai de deux mois pour transcrire le jugement de divorce sur les registres de l'état civil.

Exemple : Un jugement *contradictoire* du tribunal civil de Charleville, en date du 15 janvier 1897, a prononcé aux torts du mari, le divorce d'entre les époux Louis et Adrienne. Ce jugement est signifié à Louis à la date du 10 février 1897. Le délai d'appel courra à partir du 11 février et expirera le 11 avril. C'est donc à partir du 12 avril que le maire devra calculer le délai de deux mois pendant lequel la signification pour transcription devra lui être faite.

Si cette signification lui était faite le 15 juin, c'est-à-dire plus de deux mois à partir de la date où le jugement est devenu définitif, le maire devrait se refuser à en opérer la transcription.

b). *Jugement par défaut*. Les jugements rendus par défaut en matière de divorce sont susceptibles *d'opposition*. Il faut donc, pour qu'un jugement par défaut soit définitif, attendre successivement les délais *d'opposition et d'appel*. Pour savoir quand expirent, pour les jugements par défaut prononçant le divorce, les délais d'opposition et les délais d'appel, il faut distinguer : si le jugement a été signifié *à la personne* de l'époux défendeur, le délai pour faire opposition est d'un mois à partir de cette signification. C'est à l'expiration de ce délai d'un mois que courent les délais d'appel.

Si le jugement a été signifié non pas à la personne de l'époux défendeur, mais seulement *à son domicile*, le président du tribunal ordonne que le dit jugement soit rendu public ; cette publicité est faite dans les journaux désignés par ce magistrat dans son ordonnance. Les délais d'opposition sont alors de huit mois à compter du jour où cette publicité a été faite dans les journaux : et c'est à l'expiration de ces huit mois que commencent à courir les délais d'appel. Cette opinion est controversée.

Exemple : Un jugement *par défaut* du tribunal civil de Charleville, en date du 15 janvier 1897, a prononcé aux torts du mari, le divorce d'entre les époux Lucien et Clémence :

1° Ce jugement est signifié à Lucien *lui-même* le 5 février 1897. Lucien pourra former opposition jusqu'au 6 mars 1897. Il pourra interjeter appel du 6 mars au 6 mai, et c'est à partir du 7 mai 1896 seulement que commencera à courir le délai de deux mois pendant lequel on pourra requérir la transcription du jugement sur les registres de l'état civil.

2° Au contraire, on ignore ce qu'est devenu Lucien et le jugement est signifié *à son domicile* le 5 février 1897. Un extrait de ce jugement est publié dans les journaux le 15 février conformément à l'ordonnance du président du tribunal. Lucien pourra former opposition du 15 février au 15 octobre 1897. Il pourra interjeter appel du 16 octobre au 16 décembre 1897 et c'est à partir du 17 décembre 1897 seulement que commencera à courir le délai de deux mois pour la transcription.

c) *Arrêt contradictoire.* Si la décision prononçant le divorce est un arrêt de cour d'appel, et, si elle a été rendue contradictoirement, elle peut être attaquée par le pourvoi devant la Cour de Cassation. Or en matière de divorce, le pourvoi est suspensif.

Le délai pour le pourvoi en Cassation est de deux mois ; il court du jour de la signification de l'arrêt d'appel à partie. Le délai de deux mois pour transcrire commence donc à courir le lendemain de l'échéance du délai de deux mois accordé pour se pourvoir en Cassation.

d) Arrêt par défaut. Pour un arrêt par défaut, le délai pour se pourvoir en cassation court à partir du jour où l'opposition n'est plus recevable. Les règles rappelées plus haut pour les jugements par défaut sont applicables aux arrêts par défaut. Mais ce sont les délais pour se pourvoir en cassation qui remplacent les délais d'appel.

251. Réquisition de transcription. — L'officier de l'état civil n'a pas à se préoccuper des diligences à faire pour assurer la transcription : c'est aux parties intéressées qu'incombe le soin de lui faire signifier la décision, dans le délai de deux mois à partir du jour où elle est devenue définitive. Pendant le *premier* *mois* de ce délai, celui qui a obtenu à son profit le divorce peut *seul* en requérir la transcription ; mais, s'il laisse passer ce mois sans requérir, l'époux contre lequel le divorce a été prononcé a le droit de le faire transcrire dans le courant du deuxième mois, concurremment avec l'autre.

Comme nous l'avons dit, si la réquisition de transcription est faite au maire après le délai de deux mois, il doit refuser d'opérer la transcription car le divorce est considéré comme *nul et non avenu*.

252. Pièces a produire a l'appui de la réquisition de transcription. — Les officiers de l'état civil doivent s'assurer, sous leur responsabilité personnelle, que les prescriptions ci-dessus ont été observées, et par conséquent, exiger rigoureusement la production des certificats qui doivent être joints à la décision ayant prononcé le divorce.

L'avoué qui requiert pour son client la trancription du divorce doit signifier et annexer les pièces suivantes :

1° La copie certifiée conforme du jugement ou de l'arrêt qui a prononcé le divorce. En vertu d'une décision de M. le Garde des Sceaux il n'est pas nécessaire de produire la *grosse* ; une simple copie suffit ;

2° La copie de la signification faite au défendeur, ou un certificat de l'avoué poursuivant attestant, sous sa responsabilité personnelle, la date de la signification et si elle a été faite *à personne ou à domicile* ; ou, dans certains cas, la date du dernier acte de publicité ;

3° Un certificat du greffier attestant qu'il n'existe ni opposition, ni appel ; et, en outre, s'il y a eu appel et arrêt, un certificat du greffier de la Cour de Cassation constatant qu'il n'y a pas eu de pourvoi ;

4° Dans la cour d'appel de Nancy, en vertu d'une circulaire du 15 mai 1888, les officiers de l'état civil sont invités à réclamer de tout officier ministériel leur faisant signifier une décision judiciaire qui prononce un divorce, la production du pouvoir *spécial* en vertu duquel il en requiert la transcription.

Toutes ces pièces doivent être annexées à celui des doubles registres destiné à être déposé au greffe du tribunal.

253. Dans quel délai doit être opérée la transcription ? — L'article 252 du Code civil porte que la transcription doit être faite par l'officier de l'état civil, le *cinquième* jour de la réquisition, non compris les jours fériés, sous les peines édictées par l'article 50 du Code civil (amende de 100 fr. au maximum). Il faut ajouter à cette sanction, les dommages-intérêts qui pourraient être réclamés par les parties. La loi ne dit pas : *dans les cinq jours* ; mais bien : *le cinquième jour* ; c'est donc seulement le cinquième jour de la signification en défalquant les dimanches et jours de fête qu'il faut faire cette transcription. Le jour de la signification ne compte pas dans le délai. Donc, un officier de l'état civil qui recevrait une signification le samedi 10 juillet 1897, devrait opérer la transcription le samedi 17 juillet, parce que ni le 10, jour de la signification, ni le 11, jour de dimanche, ni le 14, jour de la fête nationale, ne doivent être calculés dans le délai.

254. Visa de l'original de la signification. — Comme nous l'avons vu dans le n° 252, la signification doit être accompagnée de certaines justifications, et contenir certains renseignements en l'absence desquels il peut y avoir lieu de la tenir pour irrégulière et non recevable.

Quand une signification irrégulière est faite, l'officier de l'état civil peut-il la considérer comme nulle et non avenue ? Non ; mais nous lui conseillons de s'entendre avec l'huissier ou l'avoué des parties pour régulariser ou compléter les pièces produites. Mais encore c'est le cinquième jour à compter de la signification qu'il doit opérer la transcription ; or le temps de régulariser ou de compléter les pièces absorbera ou réduira le délai qui lui est imparti ; sera-t-il responsable, dans ce cas, si la transcription n'est pas opérée le cinquième jour ? Evidemment non ; on ne peut lui demander compte de l'omission de la transcription le cinquième jour qu'autant que le cinquième jour sera compté à partir de la date où la signification régulière et complète lui aura été faite.

C'est pourquoi l'officier de l'état civil est obligé de *viser* l'original de l'exploit de signification au moment où il en reçoit copie. Si ce visa est donné sans réserves, il signifie que toutes les pièces produites sont régulières et complètes et que rien ne s'oppose à la transcription ; si, au contraire, les pièces sont irrégulières ou incomplètes, l'officier de l'état civil mentionnera sommairement à la suite de son visa que telle pièce n'est pas jointe à la signification, ou doit être régularisée. Ces réserves sauvegarderaient la responsabilité du maire pour le cas où la transcription n'aurait pu être faite le cinquième jour.

Mais si la signification était faite à un maire incompétent c'est-à-dire à l'officier de l'état civil d'une commune où le mariage n'a pas été célébré, il devrait s'abstenir de délivrer visa.

Formule du visa à apposer sur l'original de signification quand les pièces sont régulières. — Vu et reçu copie, par nous (*nom et prénoms*), maire et officier de l'état civil de la commune de . . .

Fait à . . . . . le . . . . . 189 . .

L'officier de l'état civil.

Formule du visa quand les pièces sont irrégulières ou incomplètes.— Vu et reçu copie, par nous (*nom et prénoms*), maire et officier de l'état civil de la commune de . . . . qui constatons que le certificat du greffier n'est point joint aux pièces ; *ou* : que le certificat de l'avoué ne mentionne pas si la signification a été faite à personne ou à domicile.

Fait à . . . . . le . . . . . 189 . .

L'officier de l'état civil.

255. Transcription.— L'article 251 du Code civil porte que le *dispositif* du jugement ou de l'arrêt qui a prononcé le divorce doit être transcrit sur les registres de l'état civil de la commune *où le mariage a été célébré*. Avant d'opérer la transcription, l'officier de l'état civil doit donc s'assurer qu'il est compétent, c'est-à-dire que le mariage a été célébré dans sa commune. Nous verrons plus loin qu'il y a exception quand le mariage a été célébré à l'étranger.

Il ne faut pas transcrire *tout* le jugement, mais seulement le dispositif, c'est-à-dire la partie finale de la décision prononçan le divorce. Un maire qui violerait cette prescription de la loi s'exposerait à une action en dommages-intérêts de la partie intéressée.

Voici du reste une formule de transcription d'un jugement de divorce :

L'an mil huit cent quatre-vingt seize et le treize juin, à deux heures du soir, nous (*nom et prénoms*), maire et officier de l'état civil de la commune de. . . . . . ., arrondissement de. . . . , département de. . . . . , vu la signification à nous faite le huit juin mil huit cent quatre-vingt seize d'un jugement du tribunal civil de. . . . . , en date du. . . . . , rendu contradictoirement, *ou* par défaut, entre (*nom, prénoms, âge, profession et domicile du mari*) et (*nom, prénoms, âge, profession et domicile de la femme*) domiciliée à. . . ., sa résidence légale, suivant ordonnance de Monsieur le Président du tribunal civil de. . en date du. . . . , les dits époux mariés en cette commune le . . . . mil huit cent. . . . . ; vu la copie du dit jugement ; vu le certificat de l'avoué poursuivant, constatant que ce jugement a été signifié à . . . . (*au mari ou à la femme*), parlant à sa personne, le. . . . . mil huit cent. . . . . . ; (*ou, s'il s'agit d'un jugement par défaut, mettre* :) Vu le certificat de l'avoué poursuivant constatant que le jugement a été signifié le. . . . . mil huit cent. . . . . à son domicile et que le dernier acte de publicité a été fait le. . . . . . ; Vu le certificat du greffier du tribunal civil de . . . ., en date du. . . . . mil huit cent. . ., constatant qu'il n'a été formé contre le dit jugement ni opposition, ni appel ; (*Ou s'il s'agit d'un arrêt de Cour d'appel, mettre* :) Vu le certificat du greffier près la Cour d'appel de. . . . ., en date du. . . . . mil huit cent. . . . ., constatant qu'il n'a pas été formé de pourvoi contre l'arrêt ; Vu le pouvoir spécial en date du. . . . . mil huit cent. . . . ., en vertu duquel M[e]. . . . ., avoué à. . . . . ., en requiert la transcription ; Les pièces ci-dessus énumérées, dûment paraphées par nous, demeureront annexées au présent. Nous avons extrait du dit jugement et transcrit littéralement le dispositif ainsi conçu : « Le Tribunal. . . . . jugeant en matière ordinaire et en premier ressort, prononce au tort de. . . . . (*nom de celui contre lequel le divorce a été prononcé*) le divorce d'entre les époux (*noms et prénoms des époux*) ; ordonne que le dispositif du jugement sera transcrit sur les registres de l'état civil de. . . . . et que mention en sera faite en marge de l'acte de mariage inscrit sur les registres de l'état civil de la dite commune, à la date du. . . . . mil huit cent. . . . . ; confie à (*indiquer le nom du mari ou de la femme*) la garde des enfants issus du mariage : commet Me. . . . ., notaire à. . . . . et sous la surveillance de M. . . . ., juge au tribunal spécialement commis, pour procéder à la liquidation tant de la communauté que des reprises,et condamne le(*nom et prénoms de celui contre lequel le divorce a été prononcé*) aux dépens. Ainsi jugé et prononcé en audience publique au palais de justice de. . . . . le. . . . . mil huit cent. . . . . par Messieurs. . . . . en présence de. . . . . signé : (*nom du greffier qui a délivré l'expédition*) ».

Nous certifions exacte la transcription qui précède et avons signé.

Le Maire.

256. Mention en marge de l'acte de mariage. — Dès que la transcription a été opérée, l'officier de l'état civil doit en faire mention en marge de l'acte de mariage, et envoyer une copie textuelle de cette mention, pour la faire transcrire sur le double déposé au greffe.

Si le mariage a été célébré à l'étranger, puis transcrit en France, c'est en marge de cette transcription que la mention sera placée.

Formule de la mention à mettre en marge de l'acte de mariage des époux divorcés. — A la date du . . . . . mil huit cent. . . . ., a été transcrit par nous, sur le registre des mariages de cette commune, le dispositif d'un jugement du tribunal civil de. . . en date du. . . . . mil huit cent. . . . ., qui a prononcé le divorce des époux dont le mariage est constaté ci-contre.

Fait à . . . . . le. . . . . 189 .

Le Maire.

257. Erreurs dans les noms des parties. — Il arrive souvent que les époux divorcés ne sont pas désignés dans le jugement sous les mêmes noms et prénoms que dans leur acte de mariage. Dans ce cas, l'officier de l'état civil doit transcrire le jugement sans y rien changer, car il ne lui appartient pas de rectifier les erreurs qui ont pu s'y glisser.

Mais si les erreurs contenues dans le jugement paraissaient de nature à laisser un doute sur l'identité des parties, il devrait se refuser à faire la mention de transcription en marge de l'acte de mariage et avertir la partie requérante de cette situation. Il appartient à cette dernière de se pourvoir elle-même devant le tribunal qui aura prononcé le divorce pour faire déclarer que le jugement transcrit s'applique bien, malgré les erreurs qu'il contient, à tels époux et doit être mentionné en marge de leur acte de mariage.

258. Droits d'enregistrement. — Aux termes de la loi du 30 décembre 1891, la première expédition de l'acte de transcription de divorce est frappée d'un droit d'enregistrement de 150 francs, soit 187 fr. 50, avec les décimes. En conséquence, quand l'officier de l'état civil délivre la première expédition d'un acte de transcription de divorce, il ne doit la remettre à la partie qu'après le paiement des droits à l'enregistrement. Tantôt le maire ou le secrétaire de mairie se charge de faire opérer l'enregistrement, en percevant d'avance les droits ; tantôt il remet l'expédition à la partie en lui recommandant de la faire enregistrer. Mais pour que ces droits ne soient pas perçus une seconde fois, le maire doit s'empresser, sous sa responsabilité personnelle, dans l'un et l'autre cas, de transcrire littéralement la mention de l'enregistrement en marge de l'acte de transcription de divorce et en marge de l'acte de mariage. En outre, aucune autre expédition de ces actes ne devra être délivrée sans que la mention d'enregistrement y soit portée, car on exposerait les parties à payer un nouveau droit. Enfin, comme le greffier du tribunal et l'officier de l'état civil sont appelés à délivrer concurremment des expéditions, il est nécessaire que la mention d'enregistrement soit portée sur les deux doubles.

Ceux qui étaient pourvus de l'assistance judiciaire dans l'action en divorce, ou ceux qui justifieraient de leur indigence par des certificats réguliers, sont dispensés de payer ces droits. Dans ce cas, l'enregistrement de l'expédition est opéré *en débet* ; mais il faut distinguer pour la mention à porter en marge de l'acte de divorce : Si l'expédition est délivrée à l'un des époux pourvu de l'assistance judiciaire, la mention doit être opérée en marge de l'acte de transcription ; mais si elle est délivrée en vertu de la loi sur le mariage des indigents, la mention ne doit pas être portée en marge de l'acte de divorce.

259. Mariage célébré à l'étranger. — Aux termes de l'article 251 du Code civil, si le mariage a été célébré à l'étranger, la transcription de divorce est faite sur les registres de l'état civil du lieu où les époux avaient *leur dernier domicile*. Dans ce cas l'officier de l'état civil doit exiger que la signification mentionne : 1° la date et le lieu du mariage ; 2° l'attestation que la commune où la signification est faite est bien celle où les époux avaient leur dernier domicile.

A ne prendre que les termes de l'article 251 du Code civil, il semblerait que la transcription du jugement de divorce dût avoir lieu, *dans tous les cas*, dans la commune où les époux avaient le dernier domicile *avant de partir pour l'étranger*, alors même qu'ils seraient depuis leur mariage rentrés en France. Ce que le législateur a voulu, c'est que le jugement de divorce fût transcrit au lieu où il pût être le plus facilement recherché, et ce lieu a paru être celui du dernier domicile en France des époux divorcés ; mais cela n'est vrai qu'au regard des époux qui, ayant quitté la France, n'y sont pas revenus ou, tout au moins, n'y ont pas établi à nouveau un domicile fixe. Dans ce dernier cas, l'esprit de la loi veut que la transcription soit opérée au lieu où les époux mariés à l'étranger et revenus en France ont leur domicile actuel. En effet, comme nous l'avons vu au n° 242 dans les trois mois après le retour du Français en France, l'acte de célébration du mariage contracté en pays étranger doit être inscrit sur le registre des mariages du lieu de *son domicile*, et non pas du lieu du dernier domicile qu'il avait avant de quitter la France.

Si l'acte de mariage célébré à l'étranger et dissous par le divorce a été transcrit en France, *mention* de la transcription du jugement doit être faite en marge de cet acte de mariage, sur la production de la transcription du jugement.

260. Divorce prononcé à l'étranger. — Il arrive fréquemment que des personnes mariées en France et divorcées à l'étranger demandent de mentionner en marge de l'acte de leur mariage le jugement qui a prononcé le divorce.

Si le divorce a été prononcé à l'étranger entre Français, l'officier de l'état civil ne doit accepter le jugement qu'autant qu'il aura été *rendu exécutoire* par les tribunaux français : il importe, en effet, que deux époux français ne soient pas tenus en France pour légalement divorcés, quand la dissolution du mariage a pu être prononcée à l'étranger pour des motifs ou dans des conditions que n'admet pas la loi française.

Si, au contraire, il s'agit d'un jugement de divorce prononcé entre étrangers par des tribunaux de leur pays, les étrangers étant régis par leur statut personnel, cette décision est de plein droit valable en France et l'officier de l'état civil peut la mentionner en marge de l'acte de mariage, à la seule condition qu'on lui en produise une expédition *authentique*, dûment *enregistrée* et *légalisée*.

261. Effets du divorce. — La femme divorcée ne peut se remarier que dix mois après la dissolution de son mariage. Mais quel est le point de départ de ces dix mois ? Est-ce la date à laquelle le jugement est devenu définitif ? Est-ce la date de la signification du jugement au maire, ou est-ce la date de la transcription ? Une circulaire du ministre de la justice, en date du 2 mai 1888, décide qu'il faut prendre la date de la signification à l'officier de l'état civil pour point de départ des dix mois.

Mais une femme divorcée qui veut se remarier peut se faire publier avant le délai de dix mois.

Le divorce brise le lien du mariage ; il anéantit les droits et les devoirs qui unissaient les époux l'un à l'autre ; mais les enfants issus du mariage conservent tous leurs droits envers leurs père et mère divorcés.

L'homme et la femme divorcés peuvent se remarier ensemble ou contracter un nouveau mariage avec un autre conjoint. Si, par extraordinaire, ils désirent se remarier ensemble, ils sont obligés de se conformer aux formalités ordinaires de publication et de célébration ; car s'ils se réunissaient pour vivre ensemble sans se marier, ils seraient considérés comme vivant en concubinage et les enfants qui naîtraient seraient alors inscrits comme enfants naturels, susceptibles de reconnaissance et de légitimation.

Si un époux divorcé se remarie avec une autre personne, il doit produire l'expédition de l'acte de transcription de divorce, après avoir acquitté les droits d'enregistrement. Une expédition de l'acte du premier mariage portant mention de la transcription du jugement de divorce, ne suffirait pas ; la mention mise en marge des registres de l'état civil ne tient pas lieu, en effet, de l'acte en vertu duquel elle a été opérée.

262. Divorce pour cause d'adultère. — L'article 298 du Code civil porte que quand le divorce a été admis en justice pour cause d'adultère, l'époux coupable ne pourra se remarier avec son complice. Pour qu'il y ait lieu à l'application de cet article, il est nécessaire que la complicité d'adultère soit légalement constatée. Mais comment le sera-t-elle ? La loi n'a rien spécifié quant à la manière dont le complice de l'adultère peut être connu. Nous pensons donc que si le complice est désigné dans les procès-verbaux d'enquête ou dans les motifs du jugement, l'opposant pourrait être admis à prouver la complicité, pourvu, bien entendu, que le divorce ait été admis pour adultère et non pour autre cause.

Si la complicité résultait d'une condamnation correctionnelle, l'article 298 s'appliquerait de plein droit.

263. Conversion de la séparation de corps en divorce. — La séparation de corps ne brise pas le lien du mariage ; tout en rendant à la femme le plein exercice de sa capacité civile, sans qu'elle ait besoin de recourir à l'autorisation de son mari ou de justice, elle laisse subsister tous les devoirs des époux l'un envers l'autre : après trois années de séparation de corps, le jugement *peut* être converti en divorce, sur la demande formée par l'un ou l'autre des époux. Le jugement qui prononce la conversion est transcrit sur les registres de l'état civil comme le jugement de divorce. La première expédition est soumise au même droit. Les mêmes mentions doivent être faites.

Un projet de loi actuellement soumis à la Chambre des députés porte que le divorce après séparation sera prononcé *de plein droit* sur la demande de l'une des parties.

264. Formule de l'acte de transcription d'un jugement de divorce après conversion. — *Le commencement de l'acte comme au numéro* 252, *et après l'énumération des pièces, ajouter* : Nous avons extrait du dit jugement et transcrit littéralement le dispositif ainsi conçu : « Le tribunal convertit en jugement de divorce avec toutes les conséquences de droit, le jugement du tribunal de . . . . . en date du . . . . . mil huit cent . . . . . qui a prononcé la séparation de corps d'entre les époux (*noms et prénoms des époux*) ; ordonne que le dispositif du présent jugement sera transcrit . . . . . etc . . . (*la suite comme au numéro* 252.)

CHAPITRE IV

REGISTRE DES DÉCÈS

SECTION I

Des actes de décès.

265. Déclaration du décès. — L'acte de décès est dressé par l'officier de l'état civil, sur la déclaration de deux témoins majeurs, du sexe masculin, parents ou voisins du défunt. Cette règle subit une double exception : *a*) Quand une personne est décédée hors de son domicile, la déclaration doit être faite par la personne chez laquelle le décès a eu lieu, quand bien même ce serait une femme ; mais, dans ce cas tout exceptionnel qui a permis à certains auteurs de soutenir que les femmes pouvaient valablement déclarer un décès, nous estimons que la présence de deux témoins mâles et majeurs est toujours obligatoire ; *b*) quand une personne a reçu chez elle, moyennant salaire, un nourrisson, elle est obligée d'en déclarer elle-même le décès, dans les vingt-quatre heures, sous peine d'une amende de seize à trois cents francs et d'un emprisonnement de six jours à six mois.

266. Dans quel délai la déclaration doit-elle être faite ? — Bien que la loi soit muette sur ce point, il est de règle constante que la déclaration doit être faite à la mairie, dans les vingt-quatre heures du décès. Cependant l'officier de l'état civil ne serait pas fondé à refuser de recevoir une déclaration quelques heures après ce délai. Il en serait autrement, si la déclaration était faite plusieurs jours après le décès ; dans ce cas, l'officier de l'état civil ne pourrait dresser l'acte qu'en vertu d'un jugement du tribunal civil.

267. Constatation du décès. — L'officier de l'état civil doit se transporter auprès de la personne décédée pour s'assurer du décès. Cette sage prescription n'est observée presque nulle part ; les maires s'en rapportent à la déclaration des témoins, ou délèguent un médecin pour vérifier le décès. Une circulaire ministérielle du 14 décembre 1886 a invité les officiers de l'état civil à faire constater le décès par un médecin assermenté. Il serait à désirer que cette circulaire fût observée partout.

268 Énonciations de l'acte de décès. — Immédiatement après la déclaration des témoins et la constatation du décès, l'officier de l'état civil dresse l'acte de décès qui doit contenir : *a*) les nom, prénoms, âge, profession, domicile et lieu de naissance du décédé ; *b*) son état civil, c'est-à-dire, s'il était marié, divorcé, veuf ou célibataire : dans ces trois premiers cas, il y a lieu d'indiquer les nom et prénoms du conjoint ; *c*) les noms, prénoms, professions et domicile de ses père et mère, quand bien même ils seraient eux-mêmes décédés ; *d*) le lieu, le jour et l'heure du décès ; *e*) les noms, prénoms, âges, professions et domiciles des deux témoins déclarants ainsi que l'indication de leur degré de parenté ou de voisinage ; *f*) enfin la déclaration que l'officier de l'état civil s'est assuré du décès.

En aucun cas, l'acte de décès ne doit contenir les causes de la mort ; néanmoins, les actes de décès des militaires morts aux colonies portent quelquefois les causes du décès. Dans ce cas, il faut transcrire littéralement.

L'acte de décès d'une personne inconnue (voir formule n° 289) doit énoncer son sexe, son âge apparent et désigner, pour qu'elle puisse être plus facilement reconnue dans la suite, les marques particulières de son linge, les vêtements qu'elle porte, les papiers et objets trouvés sur elle et autour d'elle, les signes de son corps, en un mot tout ce qui peut servir à la faire reconnaître.

269. Formule d'un acte de décès. — L'an mil huit cent. . . . et le. . . . ., à . . heures du. . . . . , par devant nous. . . . ., maire et officier de l'état civil de la commune de. . . . ., arrondissement de. . . . ., département de. . . . ., sont comparus en la maison commune (*noms, prénoms, âges, professions et domiciles des deux témoins déclarants*), le premier, fils, et le second, voisin du défunt; lesquels ont déclaré que (*nom, prénoms, âge, profession et domicile du décédé*), né à. . . ., fils de. . . . et de. . . . ., époux de. . . . ., est décédé en son domicile, le. . . . ., à . . heures du. . . . . Et après nous être assuré du décès nous avons dressé le présent acte que les déclarants ont signé avec nous, après lecture faite.

270. Permis d'inhumer. — Immédiatement après la rédaction de l'acte, l'officier de l'état civil délivre un permis d'inhumer aux parents ou aux déclarants. Aucune inhumation ne peut être faite sans une autorisation du maire, écrite sur papier libre et sans frais.

L'officier de l'état civil compétent pour délivrer le permis d'inhumer est celui du lieu du décès.

Le permis doit être demandé pour un enfant mort-né, et même pour un fœtus dont les organes essentiels sont formés.

271. Formule d'un permis d'inhumer. — Nous, maire de la commune de. . . ., arrondissement de. . . . ., département de. . ., autorisons l'inhumation de (*nom, prénoms, âge, profession et domicile du décédé*), décédé en cette commune, le . . . . 189. ., à . . heures du. . . . ., ainsi que nous l'avons vérifié.

Fait à. . . . ., le. . . . . à. . heures du. . . . .

(*Cachet de la mairie.*) Le Maire.

272. Inhumation. — L'inhumation ne peut être faite avant le délai de vingt-quatre heures depuis le décès, mais rien ne s'oppose à ce que ce délai soit augmenté, par exemple, en cas de mort subite. En cas de maladie contagieuse ou épidémique ou en cas de décomposition rapide, le maire peut ordonner que l'inhumation aura lieu immédiatement, sans attendre le délai de vingt-quatre heures, mais cette inhumation précipitée ne devra avoir lieu que sur l'avis d'un médecin commis à cet effet.

Toute personne qui se permettrait de procéder à une inhumation avant ce délai, et sans permis d'inhumer, pourrait être condamnée à une peine de six jours à deux mois d'emprisonnement et à une amende de seize à cinquante francs.

Voici les termes du décret du 4 thermidor an XIII, qui est toujours en vigueur : « Il est défendu à tous maires, adjoints, et membres d'administrations municipales,de souffrir les transport, présentation, dépôt, inhumation des corps, ni l'ouverture des lieux de sépulture ; à toutes fabriques d'églises et consistoires ou autres, ayant droit de faire les fournitures requises pour les funérailles, de livrer lesdites fournitures ; à tous curés, desservants et pasteurs, d'aller lever aucun corps, ou de les accompagner hors des églises et temples, qu'il ne leur apparaisse de l'autorisation donnée par l'officier de l'état civil pour l'inhumation, à peine d'être poursuivis comme contrevenants aux lois.

La sépulture dans le cimetière d'une commune est due : 1° aux personnes décédées sur son territoire, quel que soit leur domicile ; 2° aux personnes domiciliées dans la commune alors même qu'elles seraient mortes dans une autre commune ; 3° aux personnes non domiciliées dans la commune mais y ayant droit à une sépulture.

Les cercueils doivent être déposés dans des fosses ou tranchées à une profondeur de un mètre cinquante centimètres au moins.

Chaque fosse particulière doit avoir au minimum une largeur de quatre-vingts centimètres sur une longueur de deux mètres. Pour l'inhumation des enfants en bas âge, les fosses peuvent être réduites à un mètre superficiel.

Les fosses doivent être distantes entre elles de vingt centimètres au moins.

Dans le cas où il n'y a pas de caveau de famille, les concessions ne peuvent recevoir plusieurs corps, que si cinq années au moins séparent chaque inhumation, ou si les corps ont été placés de manière que la profondeur réglementaire soit observée dans la dernière inhumation.

Le maire est compétent pour régler par des arrêtés, la police des sépultures, les transports des corps, les exhumations, le maintien du bon ordre et la décence dans les cimetières, sans qu'il soit permis d'établir des distinctions, ou des prescriptions particulières à raison des croyances ou du culte du défunt, ou des circonstances qui ont accompagné sa mort. Ces arrêtés ne peuvent être réformés que par l'autorité supérieure ; ils restent obligatoires tant qu'ils n'ont pas été réformés.

273. Frais d'inhumation. — Les frais d'inhumation sont à la charge de la famille ; mais quand le cadavre n'est pas réclamé, ou quand il s'agit des funérailles d'un inconnu, les frais sont à la charge de la commune sur le territoire de laquelle le cadavre a été trouvé, sauf recours contre les familles.

274. Exhumations. — On entend par violation de sépulture, tout acte de nature à porter atteinte au respect qu'on doit aux tombeaux ; ce délit est puni d'un emprisonnement de trois mois à un an, et de seize à deux cents francs.

L'exhumation d'un corps inhumé, non autorisée par l'autorité locale, même quand on agit pour faire rendre les honneurs funèbres au défunt, ou pour le transporter dans un autre pays, constitue le délit de violation de sépulture.

Il y a lieu à exhumation : 1° pour transporter le corps dans un autre cimetière, soit dans une commune, soit dans une autre commune ; 2° pour réinhumer par suite de conversion de concession de terrain ; 3° pour l'autopsie, en cas de crime ; 4° et pour le renouvellement des fosses après le délai de cinq années.

Toute demande d'exhumation doit être faite sur papier timbré de soixante centimes et signée par le plus proche parent du défunt.

Toute exhumation doit être faite en présence d'un commissaire de police ou d'un officier de police judiciaire, avec tout le respect dû à la mémoire des morts et toutes les précautions nécessaires sous le rapport de la salubrité.

Les exhumations ordonnées par la justice sont dispensées de l'autorisation municipale.

275. Formule d'un permis d'exhumation. — Le maire de la commune de . . . . ., vu la demande formée par le sieur (*nom, prénoms, profession, domicile et qualité de celui qui fait la demande*), le . . . . . 189. ., à l'effet de faire exhumer le corps de (*nom, prénoms du décédé*), décédé en cette commune, le. . . . . 189. ., pour le faire réinhumer dans un caveau de famille ; *ou* : pour le faire transporter et réinhumer à. . . . . Vu l'article 17 du décret du 23 prairial an XII, autorise ledit sieur . . . . . à faire procéder à l'exhumation et à la réinhumation des restes mortels du sieur. . . . .

Ces opérations auront lieu en présence du commissaire de police que nous déléguons à cet effet, lequel nous en transmettra le récépissé.

(*Cachet de la mairie.*) Le Maire.

276. Transport de cadavre. — La translation d'un corps, hors du département où a eu lieu le décès, ne peut être autorisée que si le corps est placé dans un cercueil en bois de chêne de quatre centimètres d'épaisseur ; en outre, quand le trajet à parcourir excède cinquante lieues, le corps doit être renfermé dans un cercueil en plomb de deux millimètres d'épaisseur placé dans le cercueil en chêne. Dans ces deux cas, le fond du cercueil doit être rempli d'une couche de six centimètres, composée de poudre de terre et de charbon de bois pulvérisé. Les autorisations de transport ne doivent être accordées qu'après l'accomplissement de ces formalités.

Les demandes relatives aux transports des corps doivent être faites sur papier timbré de soixante centimes, et signées par le plus proche parent du défunt.

Le transport d'un corps, d'un lieu à un autre, doit être autorisé par les autorités ci-après désignées : Dans l'étendue de la même commune, par le maire ; dans le même arrondissement, par le sous-préfet ; dans un autre arrondissement dans le même département, ou d'un département dans un autre, par le préfet.

277. Formule d'un permis de transport d'un corps dans la même commune. — Le maire de la commune de. . . . . ., vu la demande présentée par le sieur . . . . . à l'effet d'obtenir l'autorisation de faire transporter à . . . . ., le corps de M. . . . ., décédé à. . . . ., le. . . . ., pour le faire inhumer. . . . . Vu l'acte de décès du dit sieur. . . . ., vu les circulaires de M. le ministre de l'intérieur en date des 26 thermidor an XII et 10 mars 1856 ; autorise le transport à. . . . . des restes mortels de M. . . . ., et invite les autorités civiles et militaires à laisser librement circuler M. . . . . susnommé qu'il délègue pour accompagner le corps du défunt et rapporter, en cette mairie, le procès-verbal d'inhumation.

Fait à . . . . . le. . . . . 189. .

(*Cachet de la mairie.*) Le Maire.

278. Inhumation hors des cimetières. — Aucune inhumation ne peut avoir lieu dans les églises, temples, synagogues, hôpitaux, chapelles publiques, et généralement dans aucun des édifices clos et fermés où les citoyens se réunissent pour la célébration de leurs cultes, ni dans l'enceinte des villes et bourgs. Cette règle ne souffre qu'une exception : le président de la République, dans des cas exceptionnels, peut accorder cette autorisation.

279. Embaumement. — Il ne peut être procédé aux opérations tendant à la conservation des cadavres par l'embaumement, ou par tout autre moyen, sans une autorisation du maire.

Pour obtenir cette autorisation, il y a lieu de produire : Une déclaration indiquant le mode et les substances que l'on se propose d'employer, ainsi que le lieu et l'heure de l'opération ; 2° un certificat du médecin traitant, affirmant que la mort est le résultat d'une cause naturelle. La décision est prise sur le rapport d'un médecin assermenté, commis pour vérifier le décès, et établi dans les formes indiquées au numéro suivant.

280. Incinération.— Aucune incinération ne peut avoir lieu sans être autorisée par l'officier de l'état civil du lieu du décès. Le maire ne peut donner son autorisation que sur le vu des pièces suivantes : 1° Une demande, écrite sur timbre, du membre de la famille ayant qualité pour pourvoir aux funérailles ;

cette demande indiquera le lieu où doit s'effectuer l'incinération ; 2° un certificat du médecin traitant, affirmant que la mort est le résultat d'une cause naturelle ; 3° le rapport d'un médecin assermenté, commis par l'officier de l'état civil, pour vérifier les causes du décès. A défaut de certificat du médecin traitant, le médecin assermenté doit procéder à une enquête sommaire dont il consignera les résultats dans son rapport.

Dans aucun cas, l'autorisation ne peut être accordée que si le médecin assermenté certifie que la mort est due à une cause naturelle.

Si l'incinération doit être faite dans une autre commune que celle où le décès a eu lieu, il doit en outre être justifié de l'autorisation de transporter le corps.

La réception du corps et son incinération sont constatées par un procès-verbal qui est transmis à l'autorité municipale.

Les cendres ne peuvent être déposées, même à titre provisoire, que dans les lieux de sépulture régulièrement établis. Toutefois les dispositions des articles 12 et 15 du décret du 27 avril 1889, relatifs aux cercueils et aux fosses, ne sont pas applicables à ces dépôts.

Les cendres ne peuvent être déplacées qu'en vertu d'une autorisation municipale.

Toute contravention à ces dispositions est punie d'une peine correctionnelle.

281. Liberté des funérailles. — Aux termes de la loi du 15 novembre 1887, les maires ne peuvent pas établir, même par voie d'arrêté, des prescriptions particulières applicables aux funérailles, en raison de leur caractère civil ou religieux.

Tout majeur ou mineur émancipé, en état de faire son testament, peut régler les conditions de ses funérailles, notamment en ce qui concerne le caractère civil ou religieux à leur donner, et le mode de sa sépulture. En cas de contestation sur les conditions des funérailles, il est statué dans le jour par le juge de paix, et en cas d'appel, par le président du tribunal. La décision intervenue est notifiée au maire qui est chargé d'en assurer l'exécution. Toute personne qui donnerait aux funérailles un caractère contraire à la volonté du défunt ou à la décision du juge serait puni d'une peine de seize à cent francs d'amende.

La loi du 15 novembre 1887 n'apporte aucune restriction aux attributions des maires en ce qui concerne les mesures à prendre dans l'intérêt de la salubrité publique.

SECTION II

Règles spéciales à certains décès.

282. Décès survenus dans les hôpitaux. — En cas de décès dans les hôpitaux militaires, civils ou autres maisons publiques, c'est-à-dire lycées, collèges, écoles entretenues par l'État, couvents, séminaires, etc., les supérieurs, directeurs, administrateurs et maîtres de ces maisons sont tenus d'en donner avis, dans les vingt-quatre heures, à l'officier de l'état civil qui s'y transporte pour s'assurer du décès, dresse l'acte séance tenante sur les registres de la commune qu'il a eu le soin d'apporter avec lui, avec l'assistance de deux témoins, et conformément aux règles ordinaires.

Immédiatement après, l'officier de l'état civil envoie une copie, sur papier libre, de l'acte de décès, à son collègue du dernier domicile de la personne décédée, qui opère la transcription sur les registres de l'état civil de sa commune. Cette expédition est adressée par l'intermédiaire du préfet ou du procureur de la République.

283. Formule de la transcription d'un acte de décès reçue dans une autre commune. — L'an mil huit cent. . . . . etc . . nous, maire et officier de l'état civil de la commune de. . . . . etc . . avons reçu de M. le maire de la commune de. . . . ., arrondissement de . . . . ., département de. . . . ., l'acte de décès dont la teneur suit : (*Copier littéralement l'acte de décès*) ; de laquelle transcription nous avons dressé le présent acte que nous avons signé.

284. Décès de militaires. — Quand un militaire meurt dans un hôpital civil ou dans une autre maison publique appartenant à l'administration civile, le maire dresse l'acte de décès conformément à la règle indiquée au numéro 282. Mais l'acte doit mentionner le numéro matricule du militaire décédé. En outre, l'officier de l'état civil est tenu d'adresser deux expéditions de l'acte au ministre de la guerre, par l'intermédiaire de l'intendant militaire.

Quand un soldat meurt dans un hôpital militaire, l'officier de l'état civil dresse l'acte de décès, mais la double expédition est envoyée au ministre de la guerre, par les soins de l'économe.

285. Décès de prisonniers. — En cas de décès dans une prison, le gardien chef ou un des gardiens ordinaires en donne immédiatement avis à l'officier de l'état civil qui se transporte dans la prison, avec les registres, et dresse l'acte de décès, conformément à la règle indiquée au numéro 282.

Il est expressément défendu de mentionner dans l'acte que le décès est survenu en prison.

Une expédition de l'acte sur papier libre est adressée au maire du dernier domicile du prisonnier décédé.

286. Mort violente ou suspecte. — Lorsqu'il y a des signes ou indices de mort violente ou suspecte, on ne peut faire l'inhumation qu'après qu'un officier de police judiciaire (procureur de la République, substitut, juge d'instruction, juge de paix, officier de gendarmerie, commissaire de police, maire, adjoint), assisté d'un docteur en médecine ou en chirurgie, a dressé procès-verbal de l'état du cadavre et des circonstances relatives à la mort, ainsi que des renseignements recueillis sur les nom, prénoms, âge, profession, domicile et lieu de naissance de la personne décédée.

En conséquence, dès qu'un maire est informé de la découverte d'un cadavre dans sa commune, ou de la mort d'une personne dans des conditions anormales et suspectes, son premier devoir est de prévenir immédiatement, par télégramme ou par exprès, le commandant de la brigade de gendarmerie ou le juge de paix du canton, et le procureur de la République.

Il y a lieu d'envisager, en cas de mort violente ou suspecte, une double hypothèse :

287. *a*) LA MORT EST LE RÉSULTAT D'UN SUICIDE OU D'UN ACCIDENT. — Quand *aucun doute* ne peut s'élever sur les causes de la mort, et si le maire est absolument sûr qu'il se trouve en présence d'un accident ou d'un suicide, tout en prévenant les autorités ci-dessus indiquées, il peut procéder lui-même, en sa qualité d'officier de police judiciaire, aux constatations légales : C'est-à-dire qu'il se fera assister d'un docteur en médecine requis à cet effet à qui il fera prêter serment de donner son avis en honneur et conscience ; il recueillera tous renseignements relatifs aux causes de la mort, à l'identité du défunt, puis il dressera du tout un procès-verbal, indépendant de l'acte de décès, qu'il enverra, avec le rapport du médecin, écrit sur papier libre, au procureur de la République, ou, qu'il remettra aux gendarmes qui viendront dresser procès-verbal de l'accident ou du suicide.

Si le procès-verbal est dressé, à l'insu de l'officier de l'état civil, par le commissaire de police, par la gendarmerie, ou par tout autre agent de la force publique, il convient d'adresser un duplicata du procès-verbal au maire qui doit dresser l'acte de décès.

Si l'identité du mort ne peut être reconnue, ou s'il est tellement défiguré qu'on ne puisse le reconnaître, il faudra détailler avec le plus grand soin dans le procès-verbal, les vêtements et les objets trouvés sur lui, lettres, papiers, montre, porte-monnaie, argent, etc. etc., pour permettre aux parents de le reconnaître plus tard (Voir formule 289).

288. *b*) LA MORT EST LE RÉSULTAT D'UN CRIME, OU PARAIT SUSPECTE. — Dès qu'il y a *la moindre incertitude* sur les causes de la mort, le maire doit attendre les instructions du procureur de la République, qui, seul, a le droit de décider s'il pourra être procédé à l'inhumation. Dans ce cas, le permis d'inhumer est délivré à la famille par le maire, mais sur le vu de l'autorisation du procureur de la République.

L'acte de décès est dressé conformément aux règles du droit commun, sans indiquer les causes de la mort. Si la personne est inconnue, on se bornera à mettre son signalement, son âge apparent. Si la mort remonte à plusieurs jours, sans qu'on puisse en préciser la date, l'officier de l'état civil indiquera la date probable du décès.

A ce propos nous rappelons aux officiers de l'état civil, aux maires, qu'ils sont officiers de police judiciaire et qu'en cette qualité ils ont le devoir étroit d'aider la justice à rechercher et à constater les crimes. Il arrive souvent que la commune où un crime vient d'être commis est assez éloignée du chef-lieu d'arrondissement ; le procureur de la République, prévenu par dépêche, ne peut arriver que plusieurs heures après. Or, il n'y a pas un instant à perdre ; le moindre retard ferait disparaître le coupable et les traces du crime.

En attendant l'arrivée des magistrats, le maire doit en conséquence relever tous les faits matériels qui peuvent attester et déterminer le caractère du crime, ne négliger aucun détail, ni aucune circonstance, quelqu'insignifiante qu'elle puisse paraître. S'il s'agit d'un crime ayant laissé des traces sur les lieux, comme des empreintes de pas ou toutes autres traces fugitives, il doit s'appliquer à les reconnaître, à les examiner, à les décrire avec le plus grand soin ; si ces marques ont été laissées par des souliers ferrés, dont les clous soient marqués sur le sol, il faut compter minutieusement ces empreintes et constater si un clou paraît manquer à la chaussure ou faire plus de saillie que les autres. Pour éviter que le vent, ou la pluie, ou la neige, ou le piétinement des nombreuses personnes qui se rendent toujours auprès du lieu du crime, ne fasse disparaître ces traces, il faut prendre des mesures pour les conserver intactes, en les faisant couvrir de paille, ou d'épines, ou encore, en établissant un gardien pour les garder.

S'agit-il d'un empoisonnement, il importe de recueillir les déjections, de saisir immédiatement les liquides suspects, les linges souillés, etc. ; d'un avortement, d'un infanticide, il faut rechercher le fœtus ou le corps de l'enfant, saisir les vêtements, les draps, tous les linges tachés de sang avant que ces traces ne disparaissent par le lavage ; d'un noyé ou d'un pendu, ne pas laisser le cadavre dans l'eau ou pendu à la corde. S'il s'agit d'un meurtre ou d'un assassinat, il faut éviter, autant que possible, tout déplacement du cadavre, s'emparer des lieux mêmes où l'événement est arrivé, rechercher les armes ou instruments vulnérants qui ont servi à commettre le crime (couteau, hache, fusil, pistolet, couperet etc.) : les moindres petits morceaux de papier ou de linge, quelque sales, déchirés ou hachés qu'ils puissent être, doivent être recueillis avec soin ; car, dans le cas de blessure par un coup de feu, ils peuvent provenir de la bourre de l'arme.

Lors même qu'une arme serait dans la main du cadavre, il n'en faudrait pas moins continuer l'examen et rechercher s'il n'existe pas d'indices d'autres violences, car il pourrait se faire que cette arme eût été placée dans la main après le meurtre de l'individu pour faire croire à un suicide ou pour induire en erreur sur la véritable cause de la mort. Si le cadavre est sur la voie publique, ou dans un lieu où il ne puisse rester sans inconvénient, on procède à sa *levée* et si l'on ne peut se procurer un brancard, il faut, autant que possible, se servir d'une voiture suspendue et placer le corps sur un matelas ou sur un lit épais de foin ou de paille, en ayant soin que la tête soit assujettie de manière à ne pas ballotter et de boucher, avec des tampons de linge, les ouvertures du corps par lesquelles pourraient s'écouler des matières ou des liquides que l'instruction peut avoir intérêt à conserver. Si la victime n'est pas morte, le maire doit s'empresser de la faire relever et soigner et de recueillir sa déclaration, si sa vie paraît en danger.

Enfin si le coupable est en fuite, il faut le faire rechercher activement, l'arrêter, le faire garder à vue jusqu'à l'arrivée des magistrats et l'empêcher de communiquer avec personne.

289. Formule d'un acte de décès d'un inconnu trouvé sur le territoire de la commune. — L'an mil huit cent . . . . . etc. . . . . sont comparus les nommés . . . . . etc . . . . . lesquels nous ont déclaré que le cadavre d'un inconnu a été trouvé sur le territoire de cette commune. Nous nous sommes transporté près de ce cadavre, au lieu dit . . . . . où nous nous sommes assuré du décès. Cet inconnu paraît âgé de . . . . . ans environ ; il est vêtu d'un pantalon de toile bleue, d'un veston en laine brune, d'une chemise usagée en toile blanche, marquée aux initiales B. F. La tête est nue ; les pieds sont chaussés de mauvais brodequins garnis de clous à deux têtes. Dans les poches du pantalon nous trouvons (*décrire très minutieusement les objets trouvés dans les poches : papiers, monnaie, montre, mouchoir, couteau, etc.*). Le cadavre ne porte sur la figure, ni sur les mains, ni sur le reste du corps, aucune trace de blessure. Les cheveux sont coupés courts : ils sont noirs ainsi que la barbe et les moustaches. La mort de cet inconnu nous paraît remonter à huit ou dix jours environ. En foi de quoi nous avons dressé le présent acte que les deux témoins déclarants ont signé avec nous, après lecture faite.

290. Décès de plusieurs personnes dans un accident. — Lorsque plusieurs personnes ont péri dans un déraillement, un incendie, un naufrage, un éboulement, une explosion ou dans tout autre accident, il faut envisager trois hypothèses :

a) Les cadavres sont retrouvés et reconnus. — Dans ce cas, il y a lieu de dresser un acte distinct pour chaque décédé, en tenant compte des formalités à remplir pour les morts violentes.

b) Les cadavres sont retrouvés mais ne peuvent être reconnus. — Il faudra un procès-verbal distinct pour chaque mort ; ce procès-verbal, servant d'acte de décès, sera conforme à la formule du numéro 289.

c) Les cadavres ne peuvent être retrouvés. — Dans ce cas, il y a lieu de se conformer à l'article 19 du décret du 3 janvier 1813 qui est ainsi conçu : « Lorsqu'il y aura impossibilité de parvenir jusqu'au lieu où se trouvent les corps des ouvriers (ou des « personnes) qui auront péri dans les travaux (ou dans les accidents), les exploitants, directeurs, et autres ayants cause seront « tenus de faire constater cette circonstance par le maire ou autre officier public, qui en dressera procès-verbal, et le transmettra « au procureur de la République, à la diligence duquel, et sur l'autorisation du tribunal, cet acte sera annexé au registre de l'état civil. » Ce procès-verbal devient, en vertu du jugement du tribunal, un acte de décès collectif qui est transcrit sur les registres de l'état civil ; il est donc nécessaire de le faire très complet et d'y indiquer le plus exactement possible les noms, prénoms, âges, professions, domiciles et l'état civil des personnes qui ont péri dans l'accident.

290 *bis*. Formule d'un procès-verbal constatant le décès de plusieurs personnes dans un accident et dont on ne retrouve pas les corps. — L'an mil huit cent. . . . . et le. . . . ., à. . heures du. . . . .: Nous, maire et officier de l'état civil de la commune de. . . . . etc. . . . . averti par la rumeur publique, *ou* par télégramme, *ou* par le garde champêtre, qu'un accident venait de se produire dans lequel plusieurs personnes ont trouvé la mort, nous nous sommes transporté à (*préciser le lieu du sinistre*), où étant, après avoir pris tous les renseignements qu'ont pu nous fournir (*noms, prénoms, âges,* *professions et domiciles des témoins de l'accident*) avons constaté que (*rapporter les circonstances dans lesquelles le sinistre s'est produit*) et que : 1° le sieur (*nom, prénoms, âge, profession, domicile, état civil du décédé, et autant que possible les noms, prénoms, professions et domiciles du père et de la mère*); 2° le sieur (*mêmes indications*) ; 3° le sieur (*toujours mêmes indications, et ainsi de suite*) ont péri dans cet événement, sans qu'il ait été possible d'en retrouver les corps, malgré les recherches auxquelles nous avons fait procéder. Et ont les témoins signé avec nous, après lecture faite. Signé : (*indiquer les signatures.*) Le procès-verbal a été transcrit littéralement aujourd'hui. . . . . mil huit cent. . . . ., à . . . . . heures du. . . . ., par nous, maire et officier de l'état civil de la commune de. . . . ., arrondissement de. . ., département de. . . . ., en vertu d'un jugement du tribunal civil de . . . . ., en date du. . . . . mil huit cent . . . . ., enregistré, le tout conformément à l'article 19 du décret du 3 janvier 1813.

Le Maire.

291. Règles spéciales aux décès survenus en mer. — En cas de décès survenu pendant un voyage maritime, il en est dressé acte dans les 24 heures par les officiers instrumentaires. Le dépôt, la transmission et la transcription sur les registres de l'état civil du dernier domicile du défunt ont lieu conformément aux règles énumérées dans le n° 268.

En cas de présomption de perte totale d'un bâtiment ou de disparition d'une partie de l'équipage ou des passagers, s'il n'a pas été possible de dresser les procès-verbaux de disparition, il est rendu par le ministre de la marine, après une enquête administrative et sans formes spéciales, une décision déclarant la présomption de perte du bâtiment ou la disparition de tout ou partie de l'équipage et des passagers.

La présomption de décès est déclarée de la même manière par le ministre de la marine, à l'égard des marins ou militaires morts aux colonies, dans les pays de protectorat ou lors des expéditions d'outre-mer, quand il n'a pas été dressé d'acte régulier de décès.

Le ministre de la marine peut transmettre une copie de ces procès-verbaux ou de ces décisions au procureur général du ressort dans lequel se trouve le tribunal soit du dernier domicile du défunt, soit du port d'armement du bâtiment, soit enfin du lieu du décès, et requérir ce magistrat de poursuivre d'office la constatation judiciaire des décès. Un jugement collectif tient lieu alors d'acte de décès.

Les familles peuvent également se pourvoir, à l'effet d'obtenir la déclaration judiciaire d'un décès dans les formes ordinaires.

292. Devoirs des officiers de l'état civil en cas de décès de certaines personnes. — Dans de nombreux cas les officiers de l'état civil sont obligés de donner avis des décès survenus dans leur commune, ou d'envoyer des expéditions des actes de décès. Comme il importe d'observer avec la plus grande régularité les prescriptions édictées par la loi et par les circulaires, nous les avons examinées sous les numéros suivants.

293. Avis à donner aux juges de paix du décès de certaines personnes. — Ces avis sont envoyés sous forme de simple lettre, ou par un bulletin écrit sur papier libre et signé de l'officier de l'état civil. Ils doivent contenir les nom, prénoms, âge, profession, domicile, et état civil exact du décédé, la date du décès et la date de l'envoi.

Il faut prévenir le juge de paix du canton du décès :

a) De toute personne qui laisse un conjoint, des héritiers absents ou mineurs, des enfants naturels ; l'avis doit indiquer suivant les cas : les nom et prénoms de l'époux survivant, les noms et prénoms des héritiers présents dans la commune, les noms et prénoms de ceux qui sont absents, les noms, prénoms et âges des héritiers mineurs ;

b) D'un tuteur qui laisse un pupille ou un interdit ;

c) Des fonctionnaires de la marine et des colonies morts en retraite ou en activité de service ;

d) Des archevêques et évêques ;

e) De tout étranger de l'un des pays qui ont conclu avec la France un traité pour attribuer aux consuls respectifs le droit d'administrer et de liquider la succession de leurs nationaux (1) ;

(1) Il existe des traités avec les pays ci-après : Autriche, Brésil, Chili,

f) De tout dépositaire public, par exemple : des notaires, receveurs municipaux, greffiers, percepteurs, etc.

294. Avis à donner à l'autorité militaire. — Il faut prévenir le ministre de la guerre, ou le commandant du corps d'armée du décès d'un général, d'un officier supérieur en activité de service ou en retraite.

295. Avis à donner aux commandants de recrutement. — L'officier de l'état civil doit donner avis au commandant de recrutement de la subdivision dont relève la commune du décès de *tout homme âgé de vingt à quarante-cinq ans*. Nous appelons particulièrement l'attention de MM. les maires sur cette prescription essentiellement patriotique qui intéresse la mobilisation. Nous leur faisons observer, en outre, qu'une circulaire du ministre de l'Intérieur du 29 janvier 1883 a décidé que ces avis seraient établis sur des bulletins détachés d'un *registre à souche* dont la dépense serait prélevée sur les cotisations municipales. En outre, une autre circulaire du 3 mai 1889 a prescrit à la gendarmerie de vérifier dans leurs tournées de commune ce registre à souche, de le comparer avec les registres de l'état civil pour s'assurer que l'autorité militaire a été mise au courant des décès qu'elle a intérêt à connaître.

296. Formule de l'avis de décès d'un homme de 20 à 45 ans à envoyer au recrutement. — Le maire de la commune de. . . . ., canton. . . . ., département. . . . ., a l'honneur d'aviser M. le commandant de recrutement de la subdivision de. . . . .,à. . ., que le nommé (*nom, prénoms, profession du décédé*), né le. . . . . 189. . . . ., à. . . . . ., canton de. . . . ., département de . . . , est décédé le . . . . . (*date en toutes lettres*) dans cette commune, ainsi qu'il résulte de l'acte dressé le . . . . 189. ., en notre mairie.

Costa-Rica, République Dominicaine, Equateur, Espagne, Grèce, Guatémala, Honduras, Italie, Moscate, Nicaragua, Pérou, Perse, Portugal, Russie, Salvador, Iles Sandwiche, Siam, Turquie, Vénézuéla.

RENSEIGNEMENTS COMPLÉMENTAIRES

A concouru au tirage au sort dans le canton de. . . . .,département de . . . ., classe de 18. . Faisait partie de (*armée active, réserve, ou armée territoriale, ou réserve de l'armée territoriale*).

Fait à . . . . . le . . . . . 189 . .

(*Cachet de la mairie.*)

Le Maire.

Nota. — Les renseignements complémentaires ne sont remplis par le maire que lorsqu'il les connait : mais il n'est tenu à se livrer à aucune recherche.

297. Avis à donner au ministère des affaires étrangères. — Il faut donner avis au ministère des affaires étrangères du décès des agents diplomatiques ou consulaires.

298. Avis à donner aux maires des autres communes. — Aux termes de l'article 9 de la loi du 23 décembre 1874, quand un enfant en nourrice, en sevrage ou en garde, moyennant salaire, vient à mourir, le maire est tenu d'en donner avis, *dans les trois jours*, soit au maire de la commune où a été faite la déclaration de naissance de cet enfant, soit au maire de la résidence actuelle de celui qui a mis l'enfant en nourrice ou en garde. De son côté, le maire qui a reçu cet avis est tenu de le transmettre, *dans les trois jours*, à la personne qui a mis l'enfant en nourrice ou en garde.

299. Formule de l'avis de décès d'un enfant en nourrice. — Du registre tenu à la mairie de. . . . ., il appert que l'enfant nommé (*nom et prénoms de l'enfant*), né à. . . . ., le . . . . . 189. . . fils de . . et de . . . . . ., demeurant à . . . . . ., placé chez la nommée (*nom, prénoms, profession et demeure de la nourrice*) aux conditions ci-après : (*indiquer si l'enfant est en nourrice, ou en sevrage ou en garde ; le montant des salaires*) est décédé le . . . . . 189 . . ., à. . . . . heures du. . . . .. des suites de (*indiquer la maladie d'après le certificat du médecin*).

Fait à. . . . .,le. . . . . 189 . .

(*Cachet de la mairie.*)

Le Maire.

Folios et numéros de la table des successions	N° d'ordre du registre de l'état civil	INDIVIDUS DÉCÉDÉS				DÉSIGNATION DE LA COMMUNE OU LE DÉCÉDÉ		
		Nom	Prénoms	Profession	Age	est né	était domicilié	est mort
Cette colonne est remplie par le receveur.	2	**Dage**	Louis	Mouleur	28	Reims (Marne)	Charleville rue..... n°....	Mézières rue..... n°....
	7	**Ham**	Emile	Sans profession	2 mois et 5 jours	Charleville (Ardennes)	Charleville	Charleville
	8	**Lion**	Aimée	Couturière	26	Nancy (Meurthe-et-Moselle)	Sedan rue...... n°....	Sedan rue...... n°....
	12	**Marc**	Louise	Sans profession	43	Dijon (Côte-d'Or).	Nouzon rue de la Cachette	Nouzon

(Cachet de la Mairie)

DATES		État civil	Noms et prénoms de son père et de sa mère	Noms, prénoms, demeure et degré de parenté des héritiers	OBSERVATIONS
du décès	de l'acte				
3 janvier 1896	4 janvier 1896	Marié à Louise Leroy	Fils de Lucien Dage (décédé) et de Marie Durand	André Dage, Clément Dage, enfants 1er degré	Le défunt laisse un mobilier estimé 2,000 francs et un jardin de 4 ares, sis à Mézières.
26 janvier 1896	27 janvier 1896	Célibataire	Fils de .... et de	Son père et sa mère 1er degré	Ne possédait rien.
3 février 1896	4 février 1896	Célibataire	Fille de .... et de	Son père, sa mère et une sœur, (héritiers concurrents)	Un titre de rente 3 °/° sur l'État de 420 fr. Une maison d'une valeur de 6,000 fr.
4 mars 1896	5 mars 1896	Mariée à Lucien **Durand**, mort en 1876	Fille de .... et de .... décédés	Un oncle du côté paternel, 3e degré. Un cousin-germain, côté maternel 4e degré	Une ferme estimée 22,000 fr. Une maison estimée..... Des meubles pour une valeur de.....

Certifié exact et véritable par le Maire soussigné,
Fait à.......... le........, avril 1897.

Le Maire.

300. Avis à donner aux receveurs de l'enregistrement. — Les maires doivent envoyer dans les mois de janvier, avril, juillet et octobre, au receveur de l'enregistrement du canton, sous peine de dix francs d'amende, même pour un simple retard, le relevé sur papier libre de *tous* les actes de décès inscrits pendant le trimestre dans leur commune. L'administration de l'enregistrement fournit à cet effet un imprimé qu'il faut remplir avec soin. Le receveur est tenu d'en accuser réception.

301. Modèle de l'état à envoyer tous les trois mois au receveur de l'enregistrement. — *Voir tableau pages* 158-159.

302. Cas dans lesquels les officiers de l'état civil sont tenus d'adresser des expéditions des actes de décès. — Les maires sont tenus d'envoyer, non pas un simple avis, comme dans les cas précédents, mais une expédition régulière, sur papier libre, de l'acte du décès dans les cas suivants : *a*) Au procureur de la République de l'arrondissement, l'expédition de l'acte constatant le décès d'un membre de l'ordre national de la Légion d'honneur ; *b*) au préfet, ou au sous-préfet, une expédition de l'acte de décès de tout rentier viager ou pensionnaire de l'Etat, en indiquant le montant de la rente ou de la pension ; et une expédition de l'acte de décès de tous les étrangers décédés dans la commune ; *c*) à l'intendant militaire, l'acte de décès de tout militaire jouissant d'une solde de retraite ou de non-activité ; *d*) au commandant de recrutement, l'acte de décès des militaires en congé renouvelable.

303. Tableau des légionnaires ou médaillés décédés. — Indépendamment de ces expéditions, les maires sont tenus d'adresser à la préfecture ou à la sous-préfecture, dans les dix premiers jours de chaque trimestre, un double état nominatif des membres de la Légion d'honneur et des décorés de la médaille militaire décédés, en constatant le grade et la date du décès ; cet état doit être envoyé même quand il est négatif. En voici un modèle.

NOMS ET PRÉNOMS	DATES et lieux de naissance	DATES des décès	GRADES DANS LA LÉGION D'HONNEUR
Armand Léon.	Paris, 11 décembre 1850.	6 mars 1897.	Chevalier de la Légion d'honneur.
Durand Louis.	Toul, 6 mars 1830.	20 avril 1897.	Médaille militaire.
Léon Gaston.	Tours, 7 décembre 1825.	25 avril 1897.	Officier de la Légion d'honneur.

Dressé par nous, maire soussigné
A. . . . . le. . . . . 189. .
(*Cachet de la mairie.*) Le Maire.

304. Échange international des actes de l'état civil. — Par suite de conventions conclues entre la France et les gouvernements autrichien, belge, italien, luxembourgeois et la principauté de Monaco, les maires doivent envoyer tous les six mois, les expéditions de *tous les actes* (naissances, mariages, divorces, décès) reçus pendant cette période et qui concernent des individus originaires de ces pays. Ces gouvernements envoient en France, réciproquement, des expéditions des actes concernant les Français et reçus chez eux, pour être transcrits sur les registres des communes d'où ces Français sont originaires.

Cette transcription concerne tous les actes sans exception. Elle a une très grande importance car elle est réclamée dans un intérêt d'ordre public. La transcription des actes de naissance a notamment pour effet de mettre l'autorité administrative en mesure d'appeler au service militaire les nombreux jeunes gens nés à l'étranger de parents français.

Ces expéditions sont exemptes des droits de timbre et d'enregistrement ; elles doivent être adressées au préfet ; et elles ne font pas double emploi avec l'envoi trimestriel des actes de décès concernant tous les étrangers dont nous avons parlé au numéro 302 *b*). Ces expéditions doivent contenir la mention de leur destination spéciale.

Il est inutile d'envoyer les expéditions des actes de naissance des enfants nés en France de parents étrangers mais dont l'un y est lui-même né ; en effet, ces enfants sont irrévocablement français si c'est le père qui est né en France ; quand c'est la mère qui est née en France, les enfants sont français encore, mais ils ont le droit de réclamer la qualité d'étranger dans l'année qui suit leur majorité.

305. Modèle du bordereau qui doit accompagner les expéditions destinées à l'Autriche, à la Belgique, à l'Italie, au Luxembourg et à la principauté de Monaco.

Nota : Il faut un bordereau distinct pour chaque pays.

Numéros du registre	NOMS ET PRÉNOMS	DATES DES ACTES		
		Naissance	Mariage	Décès
4	**Vellutini** Louis.	7 mars 1897	»	»
7	**Herzog** Francis. et **Marin** Lucie.	» »	9 févr. 1897	
11	**Scheil** André.	»	»	8 mai 1897

Fait à. . . . . le . . . . . 189 et certifié exact.

(*Cachet de la mairie.*) Le Maire.

306. Statistique. — Enfin les maires doivent préparer dans les premiers jours de janvier, un tableau du mouvement de la population dans leur commune, contenant : naissances, mariages, divorces et décès survenus pendant l'année. Les décès doivent mentionner le plus exactement possible les causes de la mort.

Ces tableaux sont fournis par l'administration préfectorale. On les adresse à la sous-préfecture ou à la préfecture, généralement avant le 25 janvier.

CHAPITRE V

RECTIFICATION DES ACTES ET DES REGISTRES DE L'ÉTAT CIVIL.

307. Rectification des actes. — Nous avons vu que dans certains cas, et spécialement pour les mariages, il est possible, à l'aide de l'avis du Conseil d'État du 30 mars 1808, et d'actes de notoriété, de passer outre à certaines irrégularités et omissions dans les actes et les registres. Mais ces moyens ne peuvent être employés que pour les mariages et pour rectifier des irrégularités peu importantes telles que : l'omission d'un prénom, un nom mal orthographié, etc. ; mais ils laissent subsister les erreurs dans les actes et ils demeurent impuissants pour réparer les omissions graves telles que l'oubli du nom patronymique, l'indication inexacte du sexe, une erreur sur la date de la naissance, etc.

En réalité, tout acte irrégulier, toute omission d'acte doivent être rectifiés par un jugement du tribunal civil de l'arrondissement dans lequel l'acte a été ou aurait dû être inscrit (1).

(1) En principe, un tribunal ne peut rectifier que les actes de l'état civil reçus dans son arrondissement, mais il en est autrement lorsqu'il existe entre les différents actes, dont la rectification est demandée, une sorte d'indivisibilité résultant de ce que les erreurs contenues dans les uns proviennent de celles contenues dans les autres ; dans ce cas, la demande en rectification, bien que s'appliquant à des actes reçus dans différents arrondissements, doit être portée devant le tribunal dans le ressort duquel se rencontrent les actes qui auraient été le point de départ de l'erreur dont la rectification est demandée. (Cour d'appel de Limoges, 22 juillet 1895. *Journal des Parquets*, 1896, II, page 89.)

308. Quand un acte est-il irrégulier ? — Un acte est irrégulier lorsqu'il ne contient pas toutes les énonciations prescrites par la loi, lorsque les noms des parties sont omis, ou incomplets, ou mal orthographiés, lorsqu'il n'est pas signé par les déclarants, les témoins ou l'officier de l'état civil ; lorsqu'il contient des énonciations défendues par la loi, comme par exemple, la filiation d'un enfant adultérin, ou le nom du père d'un enfant naturel, etc.

L'officier de l'état civil doit absolument se garder d'opérer lui-même aucune rectification quand l'acte est dressé, même avec le consentement de toutes les parties en cause. Il commettrait un faux.

309. Quelles sont les personnes qui peuvent demander la rectification d'un acte irrégulier, ou l'inscription d'un acte omis ? — La rectification d'un acte irrégulier ou l'inscription d'un acte omis peut être demandée par toute personne intéressée, mais il faut que cet intérêt soit réel. Si la personne intéressée est encore mineure, la rectification est demandée par ceux qui la représentent légalement : le père, ou la mère, ou les ascendants, ou le tuteur. Le procureur de la République de l'arrondissement a également le droit d'intervenir d'office pour poursuivre la rectification des actes.

310. Quand le procureur de la République peut-il intervenir d'office ? — Le procureur de la République peut agir d'office dans deux cas : 1° quand l'ordre public est intéressé ; 2° quand il s'agit d'indigents.

311. *a*) Cas ou l'ordre public est intéressé. — Il est difficile de déterminer les cas dans lesquels l'ordre public est intéressé. On s'accorde généralement à reconnaître q[illegible] le ministère public peut agir d'office, par voie principale, pour [illegible]équérir la rectification des actes de l'état civil, dans les cas suivants : 1° Actes contenant une filiation adultérine ou incestueuse, ou le nom du père d'un enfant naturel sans que celui-ci ait fait, soit par lui-même, soit par mandataire, la déclaration de l'enfant ; 2° Actes concernant les jeunes gens appelés à faire partie du contingent de l'armée ; 3° Actes attribuant à des particuliers des noms, titres ou qualifications nobiliaires qui ne leur appartiennent pas ; 4° Actes de naissance contenant une erreur matérielle sur le sexe de l'enfant ; 5° Actes de mariage entachés de bigamie, d'inceste ou d'impuberté ; 6° Remplacement de registres ou de parties de registres qui auraient été perdus ou détruits ; 7° Actes nombreux dans un registre n'ayant pas été signés par l'officier de l'état civil.

Mais dès qu'une demande en rectification constitue une véritable *réclamation d'état*, le ministère public doit s'abstenir d'agir d'office. En effet, *l'état des personnes* est une propriété inviolable confiée à la garde et à la protection exclusives des familles. Les actions qui en dérivent, soit pour le contester, soit pour le revendiquer, sont d'ordre essentiellement privé et ne peuvent, à ce titre, appartenir qu'aux parties intéressées. (Arrêt de la Cour de Paris, du 25 mars 1891 : Pandectes, 1894, II, page 21.)

312. *b*) Rectification concernant les indigents. — Nous avons vu que pour les mariages d'indigents, le procureur de la République est tenu d'agir d'office pour poursuivre la rectification des actes, même lorsque l'ordre public n'est pas intéressé. L'article 75 de la loi du 25 mars 1817 va plus loin : il charge le procureur de la République de poursuivre d'office la réparation des omissions et les rectifications d'actes qui intéressent *tous les individus notoirement indigents*. Mais dans la pratique, le procureur de la République n'agit d'office que quand il s'agit de mariages d'indigents ou quand il y a urgence ; dans les cas contraires il laisse à la partie le soin de poursuivre, en lui faisant obtenir l'assistance judiciaire.

313. Perte des registres. — Si un ou plusieurs registres ont été détruits par un incendie, par une inondation ou pendant une guerre, le procureur de la République agit d'office et la commune est exemptée des droits de timbre et d'enregistrement pour la reconstitution des registres. Mais si les registres ont été perdus ou détruits de toute autre façon que par un cas de force majeure, les nouveaux registres sont rétablis sur timbre aux frais de la commune.

Si les doubles des registres détruits existent encore au greffe du tribunal, la procédure est extrêmement simple : un jugement rendu, à la requête du procureur de la République, décide que les nouveaux registres seront confectionnés au moyen des doubles, mais qu'au préalable, ce jugement sera porté à la connaissance des parties intéressées par une insertion dans les journaux du département. Si les deux doubles ont été détruits, la preuve en sera reçue tant par titres que par témoins, et les naissances, mariages, divorces et décès pourront être prouvés, tant par les registres et papiers émanés des pères et mères que par témoins. Les livrets de famille et les registres de baptême tenus dans les paroisses pourront être aussi utilement consultés dans ces occasions heureusement fort rares.

814. L'officier de l'état civil meurt sans avoir signé les actes de l'année courante. — Nous avons indiqué au numéro 26 qu'il était nécessaire de signer les actes immédiatement après leur rédaction ; nous avons cité à ce sujet un fait de nature à faire réfléchir les officiers de l'état civil qui attendent plusieurs semaines et même plusieurs mois pour signer en bloc les registres.

Le procureur de la République, dans ces cas, agit d'office à cause du grand nombre d'intérêts compromis, mais les frais qui sont très élevés restent à la charge des héritiers de l'officier de l'état civil négligent. En effet, la procédure est longue et difficile ; le ministère public doit requérir d'abord une enquête sur les lieux, par un juge commis, pour constater l'exactitude des registres et des actes reçus, et faire connaître les rectifications à faire ; ensuite, le tribunal décide par un jugement que les actes reçus par le maire décédé et non signés par lui, feront foi malgré l'absence de signature. Ce jugement est transcrit sur les registres de l'année courante et mention en est faite en marge de chacun des actes régularisés.

Le nouveau maire n'a nullement qualité pour signer ces actes, même avec l'autorisation du tribunal, car il ne les a pas reçus ; les constatations lui en sont étrangères et il ne peut en aucune façon en certifier l'identité.

815. Actes omis. — Il arrive souvent qu'un officier de l'état civil omet de dresser un acte sur les registres de la commune, ou que les parents ou amis omettent de déclarer une naissance ou un décès. Le ministère public peut agir d'office pour combler cette lacune, quand il y a en cause des indigents ; comme aussi les parties peuvent agir elles-mêmes en demandant l'assistance judiciaire.

Dans ce cas, le tribunal saisi, soit par la requête du ministère public, soit par la requête d'un avoué, ordonne une enquête et commet un juge pour la recevoir ; puis après l'enquête, il rend un jugement qui est transcrit sur les registres de l'année courante, mais qui ne peut être mentionné en marge d'un acte qui n'existe pas.

816. Action des parties. — Les parties qui veulent poursuivre à leur requête, sont tenues de s'adresser à un avoué. L'action doit être engagée dans l'arrondissement de la commune où l'acte a été inscrit ou omis. Quand les parties ne sont pas indigentes, elles doivent supporter tous les frais, sauf leur recours contre l'officier de l'état civil, par la faute duquel cette procédure aurait été nécessitée.

817. Effets de la rectification. — Tout jugement de rectification, ou tenant lieu d'un acte omis, doit être transcrit *en entier* sur les registres de l'année courante de la commune où a été reçu l'acte réformé. Dans ce but, le procureur de la République envoie une expédition à l'officier de l'état civil qui en accuse réception, en certifiant que la transcription a été faite et la mention opérée. De son côté, le procureur de la République fait opérer la même mention sur le double du greffe.

En ce qui concerne la mention à opérer en marge de l'acte rectifié, voir le n° 20.

318. Pourvoi des parties. — Les jugements rendus par les tribunaux en matière de rectification sont susceptibles d'appel. Donc, la partie intéressée qui se croirait lésée par une décision contraire à sa demande peut aller en appel. Le délai d'appel est de deux mois.

319. Assistance judiciaire. — Bien que les formalités à remplir pour obtenir l'assistance judiciaire soient en dehors du plan de cet ouvrage, nous avons pensé qu'il ne serait pas inutile de leur donner, en terminant, quelque développement, à cause de l'usage très fréquent dans nos campagnes de la loi du 22 janvier 1851, qui permet aux indigents de faire valoir gratuitement leurs droits devant toutes les juridictions civiles : justices de paix, tribunaux civils, cours d'appel, cour de cassation, tribunaux de commerce et Conseil d'État.

320. Indigence. — L'assistance judiciaire est accordée aux indigents par un bureau spécial qui siège tous les mois ou tous les quinze jours au chef-lieu d'arrondissement.

Mais est-il nécessaire d'être complètement indigent pour obtenir l'assistance judiciaire ? Non ; il suffit que l'indigence soit *relative*. Voici à cet égard une lettre de M. le garde des sceaux adressée le 6 décembre 1858 à M. le Procureur général de Nancy : « Pour qu'une personne ait droit au bénéfice de la loi « du 22 janvier 1851, il n'est pas nécessaire que son indigence « soit *absolue* : il suffit qu'elle soit *relative*. Ainsi que l'a dit le « rapporteur de la loi, le but de l'assistance est de rendre possible une réclamation à laquelle le défaut de moyens pécu« niaires de la personne qui a droit de la former mettrait un

« obstacle insurmontable. Or, les frais de justice varient selon le « genre et les circonstances du procès. Une affaire ordinaire « coûte plus qu'une affaire sommaire. On doit donc considérer « comme indigent, relativement à celle-ci, celui qui ne le serait « pas relativement à celle-là.... La question d'indigence doit être « pour le bureau une question d'appréciation. C'est en com- « parant les moyens pécuniaires de la personne qui réclame « l'assistance avec les frais présumés du litige, qu'il statuera. »

Nous conseillons donc à tous les justiciables qui ne peuvent supporter les frais d'un procès de s'adresser sans hésiter au bureau d'assistance judiciaire.

321. Déclaration d'indigence devant le maire. — La personne qui veut obtenir l'assistance judiciaire doit d'abord demander au percepteur de la circonscription un extrait du rôle des contributions la concernant, ou un certificat négatif, si elle ne paye pas d'impôt ; puis, elle se présente, avec cette pièce, devant le maire de sa commune pour faire sa déclaration d'indigence.

Voici la forme de cette déclaration :

Je soussigné (*nom, prénoms, âge, profession et domicile du déclarant*) déclare qu'à raison de mon état d'indigence, je me trouve dans l'impossibilité d'exercer mes droits en justice et que je n'ai pas d'autres moyens d'existence que le produit de mon travail journalier qui ne s'élève pas au-dessus de.. francs. *Ou* : que le revenu d'une pièce de terre et d'une maison produisant la somme de . . . . . francs par an.

Fait à. . . . . le. . . . . 189. .

(*Signature du déclarant.*)

Au bas de cette déclaration le maire met l'attestation suivante : Devant nous, maire de la commune de. . . . .. a comparu (*nom, prénoms du déclarant*), lequel nous a affirmé que la déclaration ci-dessus était sincère et conforme à la vérité. Dont acte, qu'il a signé avec nous.

Fait à. . . . . le. . . . . 189. .

(*Signature du déclarant.*) (*Signature du maire.*)

Quand le déclarant ne sait pas écrire, remplacer les deux formules ci-dessus par la formule unique suivante : Devant nous, maire de la commune de. . . . ., est comparu (*nom, prénoms, âge, profession et domicile du déclarant*), lequel nous a déclaré qu'à raison de son état d'indigence, il se trouve dans l'impossibilité d'exercer ses droits en justice, et qu'il n'a d'autres moyens d'existence que son salaire quotidien, *ou que* (*indiquer les ressources*) et il nous a affirmé que sa déclaration était sincère et conforme à la vérité. Il n'a pu ni l'écrire, ni la signer, ne sachant écrire de ce interpellé. Dont acte.

Fait à. . . . . le. . . . . . 189. .

(*Cachet de la mairie.*) Le Maire.

Nous faisons remarquer que les maires sont légalement tenus de recevoir les déclarations d'indigence qui leur sont faites, en vue d'obtenir l'assistance judiciaire. Il résulte du texte de l'article 10 de la loi 22 janvier 1851 que le déclarant n'a à produire qu'un simple acte donné par le maire, et que cet officier public n'a pas à se porter garant de la déclaration. Néanmoins les maires agissent sagement en rappelant aux déclarants que si leur déclaration est mensongère, ils s'exposent d'abord à se voir refuser l'assistance judiciaire, et ensuite à être poursuivis en police correctionnelle si l'assistance est accordée indûment. La pénalité est une amende de un à cent francs et un emprisonnement de huit jours à six mois.

822. Demande d'assistance judiciaire. — Celui qui réclame le bénéfice de l'assistance judiciaire doit adresser au procureur de la République de l'arrondissement dans lequel il est domicilié : 1° le certificat du percepteur ; 2° sa déclaration d'indigence faite devant le maire ; 3° une supplique, sur papier libre, dans laquelle il fait connaître l'objet du procès et les nom et prénoms de son adversaire.

Voici une formule de cette supplique :

Charleville, le. . . . 189 .

Monsieur le procureur de la République,

Le soussigné Danry Louis, âgé de 38 ans, ouvrier mouleur à Charleville, rue du Daga, n° 59, se trouvant, à cause de son indigence, dans l'impossibilité de soutenir ses droits en justice contre le nommé Lionel André, industriel à la Culbute, commune de Charleville ;

A l'honneur de vous prier de vouloir bien le faire admettre au bénéfice de l'assistance judiciaire pour intenter une action en 15.000 francs de domm   s-intérêts, en raison d'un accident survenu pendant son travail, et qui lui a occasionné la perte de la main droite.

(*S'il s'agit d'une demande en divorce ou de toute autre action il faut indiquer le plus exactement possible les causes du procès.*)

Veuillez agréer, Monsieur le procureur de la République, l'hommage de mon respect.

(*Signature du déclarant.*)

Si le déclarant ne sait ou ne peut signer il peut faire écrire sa demande par un tiers.

Ces pièces sont transmises *en franchise* au parquet, car tout justiciable a le droit d'écrire, sans affranchir sa lettre, au procureur de la République de son arrondissement.

823. Action du bureau d'assistance judiciaire. — Le bureau d'assistance judiciaire, composé de cinq membres, a pour mission d'examiner l'indigence du demandeur et aussi le bien fondé de sa demande. Le législateur a voulu que le bénéfice de la loi ne fût accordé que pour les demandes reconnues plausibles. Il peut entendre les parties dans leurs explications et tenter une conciliation amiable.

824. Déplacements. — Mais il est défendu au bureau d'imposer à des demandeurs, *domiciliés hors de l'arrondissement*, des voyages éloignés et onéreux pour fournir devant lui des explications complémentaires sur leur défaut de ressources ou sur les motifs du procès à engager.

825. Assistance judiciaire accordée. — Si le bureau accorde l'assistance judiciaire, le demandeur en est informé soit par le Président du bureau, soit par le Procureur de la République. On lui désigne d'office un avocat, un avoué et un huissier qui doivent s'occuper *gratuitement* de son affaire.

826. Assistance judiciaire refusée. — Si l'assistance judiciaire est refusée, le demandeur en est informé par le Parquet. En principe les décisions du bureau d'assistance judiciaire ne sont pas susceptibles d'appel. Mais le procureur général peut les déférer au bureau établi près la Cour d'appel et les faire réformer. Dans ce but, celui dont la demande a été rejetée peut adresser à ce magistrat une supplique ainsi conçue :

Monsieur le procureur général,

J'ai l'honneur de vous informer que par décision en date du. . . . ., le bureau d'assistance judiciaire de. . . . . m'a refusé le bénéfice de la loi. Cependant, ma modeste situation de fortune ne me permet pas de supporter les frais du procès que je suis obligé d'intenter. D'autre part, les raisons que j'invoque en faveur de mon droit sont : (*Expliquer sommairement les motifs du procès*).

En conséquence je vous prie de vouloir bien faire droit à ma supplique et saisir le bureau supérieur établi près la cour d'appel.

Je suis avec respect, Monsieur le procureur général, votre très humble et obéissant serviteur.

(*Signature légalisée.*)

327. Effets de l'assistance judiciaire. — L'assistance judiciaire dispense de payer les honoraires des avocats, des avoués et des huissiers, les droits de greffe et d'experts, les frais de transport, les taxes de témoins, etc. En outre toute la procédure est dispensée du papier timbré et les actes et jugement sont enregistrés gratis.

328. L'ASSISTANCE JUDICIAIRE ET LES ÉTRANGERS. — Les étrangers originaires d'un des pays avec lesquels la France a conclu des conventions spéciales peuvent obtenir l'assistance judiciaire. Ces pays sont : l'Allemagne, l'Autriche, la Belgique, l'Espagne, l'Italie et le grand-duché de Luxembourg.

329. PERSONNES MORALES. — L'assistance judiciaire ne peut être accordée à une personne morale : commune, département, établissement d'utilité publique, syndicat, etc.

330. ASSISTANCE JUDICIAIRE EN MATIÈRE PÉNALE. — L'assistance judiciaire ne peut être accordée devant les juridictions répressives : simple police, police correctionnelle ou cour d'assises ; mais le prévenu a le droit de demander un avocat d'office au Président du tribunal ou au bâtonnier de l'ordre des avocats.

En matière criminelle un avocat est toujours désigné d'office pour défendre l'accusé devant la cour d'assises.

TABLEAU DES CONTRAVENTIONS

QUI PEUVENT ÊTRE COMMISES

DANS LA RÉDACTION DES ACTES DE L'ÉTAT CIVIL

331. Contraventions relatives à l'état matériel des registres.	**Lois et ordonnances auxquelles il a été contrevenu.**
Acte inscrit sur une feuille volante	Article 52 du Code civil.
Acte, extrait ou registre sur papier non timbré . . . . Ecriture sur le timbre	Articles 1 et 2 de la loi du 13 brumaire an VII.
Registre ni coté, ni paraphé . . . . Supplément du registre ni coté, ni paraphé. Supplément du registre sur papier non timbré	Article 41 du Code civil.
Omission d'énoncer les numéros des actes inscrits	Article 1 de l'ordonnance du 26 novembre 1823.
Défaut de table . . . . Table sur papier non timbré . . . . Table non alphabétique . . . . Table n'indiquant pas les dates des actes et les folios du registre . . . . Table non certifiée par l'officier de l'état civil.	Articles 2, 4 et 10 du décret du 20 juillet 1807.
Défaut de clôture du registre . . . . Défaut de signature de l'arrêté de clôture . . .	Article 43 du Code civil.
332. Contraventions relatives aux formalités matérielles et générales.	
Acte non daté de l'année, du jour et de l'heure.	Article 34 du Code civil.

Date en chiffres.	Article 42 du Code civil.
Défaut de mention de l'empêchement ou de l'absence du maire ou de la délégation spéciale donnée par lui	Circulaire du ministre de l'Intérieur du 30 juillet 1807.
Mots en abrégé. . . . . Blancs. . . . . Grattages. . . . . Interlignes . . . . Surcharges. . . . . Ratures non approuvées. . . . . Renvois non approuvés par le maire et les parties . . . . Renvois non approuvés séparément. . . . Renvois paraphés au lieu d'être signés. . .	Article 42 du Code civil.
Défaut de mention de la lecture des actes .	Article 38 du Code civil.
Défaut de signature de l'officier de l'état civil. Défaut de signature des parties et des témoins sans énonciation de cause. . . .	Article 39 du Code civil.
Défaut de parapher et d'annexer les pièces produites.	Article 44 du Code civil.
Omission de la transcription sur les registres d'un jugement de rectification. . . . . Omission de mentionner le jugement de rectification en marge de l'acte rectifié. . .	Articles 49 du Code civil et 857 du Code de procédure civile.
Acte transcrit sur un registre destiné à une autre nature d'actes.	Articles 60, 80, 82, 87 et 171 du Code civil.

333. Contraventions relatives aux actes de naissance.

Omission du nom, des prénoms, de l'âge, de la profession et du domicile du déclarant.	Article 34 du Code civil.
Omission d'indiquer pour quelle cause la déclaration n'est pas faite par le père. . . .	Article 56 du Code civil.
Déclaration faite après les trois jours de l'accouchement. . . . . Acte inscrit après les trois jours de l'accouchement.	Article 55 du Code civil et 346 du Code pénal.
Défaut de présentation de l'enfant.	Article 55 du Code civil.

Omission d'indiquer le jour et l'heure de la naissance. . . . . Omission d'indiquer le lieu de la naissance. Omission d'indiquer les prénoms et le sexe de l'enfant	Article 57 du Code civil.
Omission des noms, prénoms, âges, professions et domiciles du père et de la mère . . . Omission d'indiquer si la mère est l'épouse du père	Articles 34 et 57 du Code civil.
Mention du nom du père en cas de naissance d'un enfant naturel	Article 340 du Code civil.
Nombre de témoins insuffisant	Article 56 du Code civil.
Témoins mineurs ou du sexe féminin . . .	Article 37 du Code civil.
Omission des noms, prénoms, âges, professions et domiciles des témoins	Articles 34 et 57 du Code civil.
Omission de signature, sans énonciation de cause, du déclarant et des témoins. . . .	Article 39 du Code civil.
Surabondance de signatures	Article 38 du Code civil.
Inscription d'un enfant présenté sans vie sur le registre des naissances.	Article 2 du décret du 4 juillet 1806.
Un seul acte pour deux jumeaux. . . . . Omission d'énoncer celui des deux jumeaux qui est sorti le premier du sein de sa mère.	Instruction ministérielle du 31 décembre 1823.
Omission de dresser procès-verbal détaillé constatant l'âge apparent, le sexe et le nom d'un enfant trouvé. . . . . Omission d'énoncer à quelle autorité l'enfant trouvé a été remis.	Article 58 du Code civil.
Reconnaissance non inscrite à sa date . . . Reconnaissance non mentionnée en marge de l'acte de naissance de l'enfant reconnu. .	Article 62 du Code civil.
Reconnaissance d'un enfant adultérin. . . . Reconnaissance d'un enfant incestueux. . .	Article 335 du Code civil.

384. Contraventions relatives aux actes de publications.

Publications non affichées. . . . . Publications faites ailleurs qu'à la porte de la mairie.	Articles 63, 64 et 65 du Code civil.

Contravention	Articles
Publications faites un autre jour que le dimanche . . . . Deux publications constatées par un seul acte. Publications antérieures d'un an au mariage.	Articles 63, 64 et 65 du Code civil.
Une seule publication, sans la justification d'une dispense pour la seconde.	Articles 63 et 169 du Code civil.
Défaut du visa de l'officier de l'état civil sur l'original de l'opposition	Article 66 du Code civil.
Défaut de mention des oppositions, des jugements et des actes de mainlevée	Article 67 du Code civil.
Omission des noms, prénoms, âges, professions et domiciles des deux futurs. . . .	Articles 34 et 63 du Code civil.
Omission d'indiquer si les futurs sont majeurs ou mineurs.	Article 63 du Code civil.
Omission des noms, prénoms, âges, professions et domiciles du père et de la mère du futur, du père et de la mère de la future. . . .	Articles 34 et 63 du Code civil.

835. Contraventions relatives aux actes de mariage.

Contravention	Articles
Omission d'énoncer où la célébration a eu lieu. Omission d'énoncer que la célébration a eu lieu publiquement.	Article 165 du Code civil.
Mariage en dehors de la maison commune sans énonciation de cause et sans certificat de médecin.	Articles 75 et 175 du Code civil.
Omission des nom, prénoms, âge, profession et domicile du futur. . . . . Omission des nom, prénoms, âge, profession et domicile de la future	Articles 34 et 76 du Code civil.
Omission du lieu de naissance du futur . . Omission du lieu de naissance de la future.	Article 76 du Code civil.
Défaut de mention de la remise de l'acte de naissance du futur, ou défaut de présentation d'un acte de notoriété le remplaçant. Défaut de mention de la remise de l'acte de naissance de la future, ou défaut de présentation d'un acte de notoriété le remplaçant.	Article 70 du Code civil.
Défaut de mention de la remise de l'acte de décès du conjoint décédé.	Article 147 du Code civil.
Omission des noms, prénoms, âges, professions et domiciles des père et mère du futur. .	Articles 84 et 76 du Code civil.

Omission des noms, prénoms, âges, professions et domiciles des père et mère de la future.	Articles 84 et 76 du Code civil.
Omission du consentement ou de la remise des actes de décès des pères et mères ou des aïeuls et aïeules du futur et de la future.	Articles 76 et 150 du Code civil et 193 du Code pénal.
Omission du consentement du conseil de famille d'un futur mineur et orphelin . . .	Articles 76, 159 et 160 du Code civil, 1 de la loi du 27 frimaire an V et 1 de la loi du 15 pluviôse an XIII.
Omission du consentement du tuteur *ad hoc* d'un futur enfant naturel mineur	
Omission du consentement de l'administration de l'hospice.	
Défaut de mention de l'acte respectueux fait par le futur ou par la future, le cas échéant.	Articles 76, 152 et 153 du Code civil.
Défaut de mention des dispenses d'âge, de parenté ou d'alliance, s'il en a été accordé.	Articles 144, 145, 162, 163 et 164 du Code civil.
Défaut d'attestation sous serment des parties et des témoins que les ascendants sont décédés et que l'on ignore le lieu du décès et de leur dernier domicile	Article 5 de la loi du 20 juin 1896.
Défaut d'attestation sous serment en cas de différence d'orthographe dans les noms des futurs ou en cas d'omission d'un prénom dans l'acte de décès de l'un des parents, ou dans les actes produits	Avis du Conseil d'État du 30 mars 1808.
Défaut de mention des publications faites dans les différentes communes	Articles 63, 64 et 76 du Code civil.
Défaut de mention des jours où les publications ont été faites	
Défaut de mention des jours et des lieux où les publications ont été faites.	
Défaut de mention de la remise des certificats de publication	
Défaut de mention qu'il n'y a pas eu d'opposition	Article 76 du Code civil.
Défaut de mention de la mainlevée quand il y a eu opposition	
Défaut de mention pour les militaires de l'autorisation de l'autorité militaire.	Décret du 16 juin 1808.
Défaut de mention de la demande faite aux futurs et aux ascendants s'il a été fait un contrat de mariage	Articles 75 et 76 du Code civil.

Omission du nom et de la résidence du notaire qui a reçu le contrat de mariage. .	Articles 75 et 76 du Code civil.
Défaut de mention de la lecture du chapitre VI du Code civil.	Article 75 du Code civil.
Défaut de mention de la déclaration des contractants qu'ils se prennent pour époux. Défaut de mention du prononcé de l'union. .	Articles 75 et 76 du Code civil.
Nombre de témoins insuffisant	Article 75 du Code civil.
Témoins mineurs ou du sexe féminin. . .	Article 37 du Code civil.
Omission des noms, prénoms, âges, professions et domiciles des témoins.	Articles 34 et 76 du Code civil.
Défaut de mention du côté et du degré de parenté des témoins par rapport aux époux.	Article 76 du Code civil.
Défaut de signature sans énonciation de cause des époux, des parents ou des témoins.	Article 39 du Code civil.
Défaut de parapher et d'annexer les pièces produites.	Article 44 du Code civil.
Omission de transcrire un jugement de divorce.	Article 252 du Code civil.
Omission de joindre au jugement de divorce les certificats prescrits.	Article 252, § 1, du Code civil.
Transcription d'un jugement de divorce faite avant ou après le cinquième jour de la signification.	Article 252, § 2, du Code civil.
Transcription du jugement de divorce faite après les deux mois à partir de la date où le jugement est devenu définitif. . . .	Article 253, § 4, du Code civil.
Mention du divorce non opérée en marge de l'acte de mariage. . . . . Acte de divorce reproduisant tout le jugement de divorce ou une partie autre que le dispositif	Article 251 du Code civil.

336. Contraventions relatives aux actes de décès

Déclaration faite après les vingt-quatre heures.	Décision ministérielle du 28 mai 1822.
Nombre de déclarants insuffisant.	Article 78 du Code civil.

Témoins mineurs ou de sexe féminin. . . .	Articles 37 et 38 du Code civil.
Omission des noms, prénoms, âges, professions, domiciles, parenté ou voisinage des témoins.	Articles 37 et 79 du Code civil.
Omission du nom, des prénoms, de l'âge, de la profession, du domicile, du lieu de naissance du décédé.	Articles 34 et 79 du Code civil.
Omission des noms, prénoms, professions et domiciles du père et de la mère du décédé. Omission d'indiquer si le décédé est célibataire, marié ou veuf . . . . Omission d'indiquer les nom et prénoms du conjoint, même en cas de décès de ce dernier.	Article 79 du Code civil.
Omission du lieu, du jour et de l'heure du décès. . . . . Omission d'indiquer que l'officier de l'état civil s'est assuré du décès.	Article 77 du Code civil.
Mention du genre de mort.	Article 85 du Code civil.
Défaut de signature des témoins déclarants sans énonciation de cause.	Article 39 du Code civil.

TABLE DES FORMULES

1° Formules applicables à tous les actes et à tous les registres.

2° Formules applicables aux registres des naissances.

3° Formules applicables au registre des publications.

4° Formules applicables au registre des mariages.

5e Formules applicables au registre des décès.

6e Formules diverses.

TABLE ALPHABÉTIQUE

Imp. G. St-Aubin et Thevenot. — J. Thevenot, successeur, Saint-Dizier.

www.ingramcontent.com/pod-product-compliance
Ingram Content Group UK Ltd.
Pitfield, Milton Keynes, MK11 3LW, UK
UKHW012215240726
13966UKWH00003B/772